Estrelas no Asfalto

FICHA CATALOGRÁFICA

(Preparada na Editora)

Capalbo, Elly da Costa, 1942-

C23e *Estrelas no Asfalto / Elly da Costa Capalbo, Araras, SP, IDE, 2ª edição, 2012.*

192 p.

ISBN 978-85-7341-576-6

1. Romance 2. Espiritismo. I. Título.

CDD-869.935
-1339

Índices para catálogo sistemático:

1. *Romance: Século 20: Literatura brasileira 869.935*
2. *Espiritismo 133.9*

Elly da Costa Capalbo

Estrelas no Asfalto

ide editora

2ª edição - agosto/2012
3.000 exemplares
(10.001 ao 13.000)

internet:
http://www.ideeditora.com.br
e-mail: comentarios@ideeditora.com.br

Capa:
César França de Oliveira

INSTITUTO DE DIFUSÃO ESPÍRITA
Av. Otto Barreto, 1067 - Cx. Postal 110
CEP 13602-970 - Araras/SP - Brasil
Fone (19) 3543-2400
CNPJ 44.220.101/0001-43
Inscrição Estadual 182.010.405.118

www.ideeditora.com.br

IDE EDITORA É APENAS UM NOME FANTASIA UTILIZADO PELO INSTITUTO DE DIFUSÃO ESPÍRITA, ENTIDADE SEM FINS LUCRATIVOS, QUE PROMOVE EXTENSO PROGRAMA DE ASSISTÊNCIA SOCIAL, O QUAL DETÉM OS DIREITOS AUTORAIS DESTA OBRA.

I - O ENCONTRO

Janeiro de 1990, um anoitecer límpido após um grandioso temporal. O maestro Antônio Duarte para seu veículo na esquina da Avenida Rebouças com a esquina da Avenida Faria Lima. Ouvia extasiado, no toca-fitas, a execução ao violino, de um grande artista, do concerto nº.2 em D maior de Amadeus Mozart. Achava a cidade de São Paulo magnífica e, quando chovia à noite, parecia esconder todas as mazelas da cidade grande, deixando que as diferentes luzes refletissem no asfalto uma verdadeira via láctea.

O céu, lavado pela bênção da chuva, abrigava a bela lua cheia, emoldurada por um anel azul-prateado; as estrelas piscavam argênteas.

O conjunto de estrelas, a beleza da Lua, as diversas luzes refletidas no chão ainda molhado, a linda melodia, fundiam-se na alma do artista deixando-o tão enlevado, que nada mais via à sua volta senão aquela presença de Deus que o envolvia.

Foi acordado do sonho passageiro, por uma voz que lhe disse:

– Passe o relógio e a carteira, senão morre.

Virou a cabeça e deu com o rosto sujo de um adolescente.

Quantos anos poderia ter? quartoze, no máximo quinze.

A roupa esfarrapada e os olhos brilhando intensamente, mostrando claramente o uso de drogas.

O coração do maestro, sem medo algum, compungindo, apertou-se em extrema piedade. Dirigiu-se ao jovem de maneira terna:

– Boa noite! Como vai você? Não gostaria de entrar no carro? – o garoto, confundido com aquela reação, ficou imóvel, sem saber o que responder.

– Vamos, entre e poderemos conversar.

– Qual é a sua? – perguntou o jovem. – Não venha com malandragem que eu te corto.

Apesar da ameaça, mostrava um grande desconforto, enquanto colocava o canivete perto da garganta do maestro.

– Vamos, – insistia o homem – como você se chama?

– Pedro, meu nome é Pedro.

– Onde você mora?

– Na rua, é claro.

– Venha, entre, que eu, além de lhe dar o meu relógio, convido-o para jantar.

Uma confiança como nunca havia experimentado por alguém, levou Pedro a guardar o canivete e, meio tímido, entrar no carro.

O maestro, então, levou-o para sua casa. Morava em uma bela casa no bairro do Pacaembu, desde quando a esposa, há alguns anos, falecera, ficando apenas acompanhado pela governanta que tomava conta dos afazeres domésticos.

Ana, também viúva, morava com o patrão desde o tempo em que a senhora era viva. Tinha um neto que casara-se há pouco tempo e que também crescera naquela casa onde a avó o educou com os recursos que o maestro lhe proporcionava, recursos estes muito maiores do que seria normal para as atividades que executava naquele lar.

Desde jovem era espírita devota, procurando trabalhar na Seara do mestre Jesus, tanto no auxílio aos necessitados como no campo mediúnico.

A sua luz e bondade confortaram Antônio Duarte quando perdera a esposa amada. Ana o levara à casa espírita na qual trabalhava e ali ele conseguira equilibrar-se e resignar-se com a perda da querida companheira. Mais que isso, ele próprio abraçara a Doutrina codificada por Kardec, achando respostas para tudo, sem mistérios ou dogmas, engajando-se como trabalhador atuante nas lides espíritas.

Não tinha tido filhos e, talvez por isso, sua alma comovida abrigou o jovem delinquente que o ameaçara.

O maestro Duarte entrou na mansão de sua propriedade, seguido por Pedro, que não acreditava no que estava acontecendo.

Aprendera muito cedo que ninguém fazia nada desinteressadamente.

Duarte tocou a sineta, chamando a governanta.

– Ana, prepare-nos uma sopa bem saborosa, que temos um convidado para o jantar.

A governanta, que conhecia o caráter bondoso do patrão, nada perguntou, adivinhando estar ali acontecendo uma demonstração de caridade tão própria do coração benevolente daquele homem.

– Você não tem aí uma roupa qualquer de seu neto que possa nos emprestar? Amanhã compraremos roupas novas para o Pedro. Por enquanto, dê-lhe qualquer coisa para vestir após tomar um belo banho.

A casa era decorada com simplicidade e distinção mostrando, todavia, extremo bom gosto. Na sala de jantar encontrava-se uma longa mesa de cristal, circundada por doze cadeiras de espaldar alto, com encosto e acentos em veludo de um tom azul-escuro. Ao lado, um aparador, adornado em sua extensão por um espelho também de cristal. Sobre o aparador, vários porta-retratos mostravam o casal, em diversas ocasiões, principalmente nos concertos que o maestro regera.

Pedro olhava admirado tanta beleza.

– Venha, filho, quero lhe mostrar a sala de música – convidou Duarte.

Entraram no aposento contíguo à sala de jantar e lá estava um lindo piano negro de cauda, com o tampo aberto, mostrando o maravilhoso teclado de marfim. Contornando a sala, uma estante abrigava centenas de livros e uma aparelhagem de som magnífica.

Antônio colocou no aparelho a mesma música que ouvia no carro quando fora abordado por Pedro. A melodia docemente tomava conta do ambiente.

Ana, retornando, trouxe uma camiseta e uma calça jeans que foram de seu neto. Dirigiu-se ao garoto, falando:

– Como é mesmo o seu nome?

– Chama-se Pedro, Ana – informou o maestro.

– Então vamos, Pedro, já lhe preparei uma água quentinha. Tome seu banho que logo servirei o jantar.

Ana acompanhou Pedro ao quarto de banho.

Os olhos do garoto faiscavam com tantas novidades.

Jamais imaginara haver um banheiro tão bonito.

– Acho que abusei da erva – pensou. – Devo estar "viajando" e nada disso deve ser real.

Havia no local vários espelhos e uma banheira grande onde a água se agitava, levantando bolhas de sabão perfumado que Ana ali havia colocado. Ao longo da parede, um extenso balcão de mármore bege, onde se espalhavam colônias, apetrechos para fazer a barba, alguns sabonetes coloridos, pentes e escovas para os cabelos.

Ana saiu e Pedro, despindo-se, entrou na banheira.

A melodia que vinha da sala foi enchendo sua alma de uma alegria jamais sentida.

A água tépida, o mais maravilhoso banho que tomara e o som de violinos, foram lhe dando uma sonolência deliciosa.

Fechou os olhos e sentiu que alguma coisa muito importante iria modificar sua vida.

Por meia hora deixou-se ficar imerso. Rapidamente passara o efeito da droga consumida.

Saiu da banheira, enxugou-se com prazer em uma toalha extremamente macia. Penteou-se e até se atreveu a colocar um pouco de perfume.

Voltando à sala de música, encontrou o maestro sentado em sua poltrona favorita, a deleitar-se com a melodia.

Vendo o jovem que entrava, falou:

– Como você ficou bem! Nem parece o mesmo de alguns instantes atrás. Ana, por favor, sirva-nos o jantar aqui mesmo.

A governanta trouxe da cozinha dois pratos, talheres e uma terrina fumegante de onde exalava o cheiro de uma deliciosa canja de galinha.

O rapaz sentou-se no chão, aos pés do maestro, recebendo de Ana o prato. Em seguida o maestro foi servido.

Pedro devorou o alimento como se não comesse há vários dias. Repetiu até sentir-se saciado.

Duarte o observava com um sorriso nos lábios, adivinhando estar ali um ser que precisava apenas de uma oportunidade na vida.

– Agora comeremos uma sobremesa bem gostosa que Ana nos trará e depois você irá dormir. Amanhã conversaremos. Anseio por ouvir a sua história, meu filho.

II - O DIA SEGUINTE

Pedro acordou com Ana abrindo a janela, dizendo:

– Acorda, preguiçoso, olha só o que lhe trouxe.

Pedro esfregou os olhos, sentou-se na cama e contemplou, maravilhado, a bandeja que lhe foi colocada à frente: pão doce, bolo, torradas, pão salgado, leite, café, suco de laranja, geleia de morango, queijo e presunto.

– Por onde começo?!!! Isso é demais!!!

– Comece pelo suco e coma o que tiver vontade.

Nunca, nunca mesmo havia comido tão bem. Nos últimos tempos na rua, sequer se alimentava de manhã. Apenas no almoço conseguia restos nos restaurantes.

– Quando acabar, vista-se e vá encontrar o patrão que o está esperando na piscina.

Pedro fartou-se com o esplêndido desjejum, depois vestiu-se e saiu a procurar o maestro.

Transpondo a porta de vidro que separava a sala de música do jardim, onde ficava a piscina, encontrou Duarte lendo o jornal.

– Bom dia, maestro – cumprimentou Pedro.

– Bom dia, meu filho, dormiu bem?

– Como um anjinho. Também, naquele colchão macio, não tinha como não dormir bem.

Pedro se soltara, perdendo a timidez do dia anterior. Parecia-lhe que conhecia Duarte toda a sua vida.

– Então, Pedro, vamos sair, comprar algumas roupas, almoçar e depois o levarei ao teatro para que assista ao ensaio de minha orquestra.

Pedro adorou a programação e todo contente acompanhou o maestro em busca do carro.

Foram ao shopping, entraram em diversas lojas e foram comprando: calças, camisas, camisetas, bermudas, sapatos, tênis, uma coleção de roupas íntimas, calções de banho e até um smoking.

– Os calções são para que você aproveite a piscina, para fazer uns bons exercícios, tão necessários ao corpo e ao espírito.

– Obrigado – disse Pedro muito comovido – não sei nem como agradecer-lhe. Eu que ia lhe fazendo tanto mal.

– Que nada, vi logo que você é um bom menino e que só precisa de um empurrãozinho – respondeu Duarte, soltando uma sonora gargalhada. – Agora vamos almoçar que estou faminto.

Entraram em um restaurante muito chique, na avaliação de Pedro, onde jamais sonhara entrar um dia.

Depois de um lauto almoço, Antônio Duarte pediu uma grande taça de sorvete que foi colocada à frente de Pedro. Lá se foi também o sorvete.

– Tenho que aproveitar antes que acabe – pensou o jovem.

Como o maestro havia prometido, partiram para o teatro onde aconteceria o ensaio de sua orquestra. E lá, mais surpresas!

Em tempo algum pensara como seria um teatro por dentro. O máximo que havia feito era "guardar" os carros nas portas de cinemas ou teatros.

Entrou na sala semiescura e contemplou todas aquelas poltronas dispostas em cascata para melhor visão dos espectadores. Olhou para o teto e viu que pendia dali um imenso lustre de cristal; no palco, os músicos afinavam os instrumentos em uma sinfonia complicada, em um amontoado de sons.

O maestro indicou uma poltrona na primeira fila para Pedro:

– Sente-se aqui e vamos pôr ordem nessa bagunça – disse sorrindo.

Duarte subiu ao palco e, batendo com a batuta na estante de música à sua frente, fez calar os sons dos instrumentos.

Aí começou para Pedro uma das melhores experiências de sua vida.

Como um só homem, com um pauzinho na mão, podia fazer com que todos aqueles diferentes instrumentos tocassem harmônicos, tão lindas melodias.

Por uma hora assistiu ao ensaio sem nenhum cansaço.

Ao término, Pedro levantou-se e, solitário, aplaudiu com vigor.

– Parece que gostou, não é? perguntou o maestro. – Se aceitar ficar comigo, ensino-o a tocar aquele piano lá em casa.

– Aceitar ficar? – pensou Pedro. Seria mesmo possível que aquele homem queria que ele ficasse? Não sonhava tanto.

O maestro desceu do palco, colocou as mãos sobre os ombros do rapaz, dizendo:

– Vamos para casa experimentar suas roupas e depois quero ouvir a sua história.

Sem dizer palavra, Pedro deixou-se conduzir, mas um forte nó lhe apertava a garganta.

III - O RELATO

Fizeram exatamente como o maestro havia previsto. Pedro experimentou as roupas novas e desfilou sob os olhos encantados de Ana, que aplaudia a cada apresentação.

Nesse clima cordial, sentaram-se à beira da piscina.

Pedro iniciou o seu relato, com o olhar carregado de tristeza:

– Minha história é comum à de muitas outras crianças abandonadas. Contaram-me que fui deixado à porta do que chamarei orfanato, com uma certidão de nascimento e uma carta de minha mãe, na qual pedia perdão por ter que me abandonar. Na certidão de nascimento constava o nome de meus pais: Maria Inês e João da Silva.

Cresci naquela casa, recebendo a educação básica em uma escola pública onde as crianças, minhas companheiras, em idade escolar eram matriculadas. Permaneci ali até os onze anos.

Conforme Pedro relatava, seu pensamento ia revivendo, como num filme, sua primeira infância.

– A casa, que abrigava cerca de trinta crianças, era muito pobre. Sua proprietária e responsável chamava-se Dona Clotilde. Era uma senhora doente, com as pernas sempre enfaixadas, pois eram cobertas de feridas ocasionadas pela inflamação das veias. Não conseguia locomover-se com rapidez, ficando a cargo das duas funcionárias e de sua filha mais velha, o cuidado das crianças.

O espaço, muito pequeno, foi se adaptando ao grande número de crianças. A cada necessidade construía-se um puxado aqui, um cômodo ali. Sobre a cozinha e a pequena sala, construiu-se um dormitório, com beliches encostados uns aos outros, para aproveitamento do espaço. Em cima do dormitório, na laje, localizava-se a lavanderia, onde secavam as roupas lavadas sempre em grande quantidade, em uma velha máquina, doada por alguma alma generosa. Era tudo muito rústico, apenas espaços adaptados.

As crianças eram acomodadas até no vão embaixo da escada que levava ao dormitório. Não havendo camas suficientes para todas, algumas dormiam no chão, em colchonetes.

Dona Clodilde recebera um dia, em sua porta, uma criança abandonada e, dali por diante, tendo-se espalhado a notícia, outras foram chegando, algumas trazidas pelas próprias mães que contavam suas graves situações financeiras, pedindo para que seus filhos ficassem ali por um tempo, não voltando mais para buscá-los.

A boa senhora fazia o que podia, recebia ajuda dos vizinhos e de algumas entidades filantrópicas, mas sempre insuficientes.

Logo na entrada havia uma espécie de alpendre coberto, que servia de refeitório, com pequenas mesas e cadeiras baixas para acomodarem as crianças nas horas das refeições.

Era comovente ver os pequeninos de bem pouca idade alimentarem-se sozinhos, pois não havia pessoal suficiente para alimentá-los na boca, como fazem todas as mães. A ordem era: comer, em tigelas de plástico, todo o arroz e feijão para ter direito ao pedaço de carne ou frango e mais uma mistura.

A carência de amor era tanta que, quando recebiam visitas que lhes davam atenção, enroscavam-se nas pernas das pessoas, mostrando a grande necessidade de carinho.

Na hora do banho, ficavam em fila, em frente a um compartimento que não se poderia chamar de banheiro: era um local com um chuveiro, com as paredes enegrecidas pelo bolor, com o piso de cimento, também escurecido pelo uso.

Cada criança era banhada por uma pessoa e outra na porta as enxugava, sempre com a mesma toalha. O último pobrezinho encontrava a toalha totalmente encharcada.

As funcionárias, insatisfeitas com o baixos salários e o excesso de trabalho, não davam conta de seus próprios problemas, como poderiam dar o amor e a atenção que todas as crianças mereciam?

Certa manhã, eu e alguns meninos mais velhos

resolvemos fugir. Cheios de ilusões, queríamos conhecer um novo mundo. Saímos escondidos e nos juntamos a um bando de outras crianças que moravam na rua.

Sobrevivíamos com pequenos expedientes: "guardando" carros, pedindo esmolas nos faróis; alguns lavavam os vidros dos carros. Uma vida bem diferente da que imaginávamos quando fugimos. Mas por incrível que pareça, tive ali a minha primeira família.

Nós nos misturávamos, meninos e meninas, sempre liderados pelos mais velhos que nos "protegiam".

Nunca quis roubar ou consumir drogas. Via pequenas crianças cheirando cola de sapateiro e entrando em um estado de alucinação de fazer doer a alma.

Mas o tempo passou. Após alguns anos, ficando mais velho, comecei a sentir a pressão dos líderes de meu grupo.

– Você está bem grande – diziam – precisa se decidir. Tem que conseguir mais dinheiro. Precisa começar a roubar carteiras, relógios, o que puder.

O meu coração rejeitava a ideia de roubar e protelei o máximo que pude.

Na noite em que nos conhecemos, maestro, Betão, um dos líderes, veio até mim e disse:

– Então, Pedro, vai ser hoje, você tem que começar a roubar.

– Não tenho coragem, lamentei.

– Coragem a gente arranja.

– Tenho medo, insisti.

– Pois pegue, experimente isso que a coragem aparece.

– Disse isso colocando-me, entre os lábios, um cigarro de maconha, fazendo-me fumá-lo até o fim. Aos poucos fui ficando meio atordoado, sem saber ao certo o que fazia. Betão colocou-me nas mãos um canivete, dizendo:

– Vamos, eu o acompanho. É muito fácil: espere um carro, importado dc preferência, quando parar no farol; se o motorista estiver distraído, chegue por trás e o ameace com o canivete. Tire-lhe o relógio e saia correndo. Tudo dará certo. Espero você mais adiante, jogue para mim o que conseguir e continue correndo. Se for pego, ninguém provará nada.

Mas quis o destino e acho, sobretudo, Deus, que o meu primeiro mau ato tenha sido com o senhor, maestro. Eu juro por tudo o que há de mais sagrado que foi a primeira vez que tentei roubar e que usei droga.

Pedro tinha a face coberta de lágrimas.

Ana, parada na porta, e o maestro, sentado à frente do rapaz, também choravam.

Em um canto ao lado, três espíritos contemplavam a cena: Maria Inês, mãe de Pedro, Salviano, o instrutor espiritual e Gabriel, um jovem aprendiz, que estava sendo instruído por Salviano nos problemas de reencarnação.

Salviano aproximou-se de Pedro e, colocando suas mãos sobre a cabeça do rapaz, proferiu sentida prece:

"Senhor Jesus, Amado mestre, que nos conforta e auxilia em todos os momentos de nossas existências.

Nada somos, Senhor, sem o Seu Auxílio, e como todos nós, Pedro colhe, hoje, as sementes que plantou um dia.

Tristezas e dores nos aguardam quando ferimos as Leis de nosso Pai Eterno.

Mas haveremos de ter, sempre, novas oportunidades, pois Seu Amor por nós é ilimitado.

Por isso, mestre, ilumine a alma desse jovem, reconforte seu coração e o ajude a cumprir os compromissos assumidos, até o fim."

Enquanto Salviano orava, uma intensa luz jorrava de seu coração, envolvendo Pedro e Antônio; ambos sentiram um conforto em suas almas, como se seus corações se expandissem. Levantaram-se ao mesmo tempo e abraçaram-se fortemente.

Ana, sem se conter, soluçava e Maria Inês, na dimensão espiritual, também vertia copiosas lágrimas, agradecendo ao Senhor da Vida o encaminhamento de seu filho querido para o bem e ao aconchego do lar de Antônio Duarte que o recebera com todo o carinho, sem ser por acaso.

– Vamos, meu filho, vamos descansar, pois foram muitas as emoções no dia de hoje.

IV - A MÚSICA

No dia seguinte, já pela manhã, Antônio e Pedro encontraram-se, ainda com a lembrança da conversa do dia anterior envolvendo seus corações, dando-lhes um misto de tristeza e alegria, pois apesar de ser muito comovente a história de Pedro, sentiam dentro do peito um bem-estar que adivinhava a grande mudança que se estava iniciando não só na vida de Pedro, como também na de Antônio que, intuitivamente, sabia ter um compromisso com aquele rapaz.

– Pedro, sei que você gostou muito do ensaio de minha orquestra. Gostaria, a partir de hoje, de iniciá-lo nos estudos musicais. Saiba, meu menino, que a boa música nos aproxima de Deus.

– De fato, maestro, fiquei encantado e sinto que gostarei muito de aprender com o senhor a tocar esse instrumento especial que é o piano.

Foram, então, para a sala de música e o maestro iniciou a primeira aula, começando por ensinar as notas musicais.

– Creia, meu rapaz, todos os instrumentos musicais são maravilhosos, quando tocados com sentimento. Mas, como tudo nesta vida, a disciplina aperfeiçoa os dons naturais de cada um.

– Prometo, ao senhor, dedicação e esforço, pois sinto dentro de mim que a música preencherá o vazio de meu coração.

De fato, pelas primeiras impressões, o maestro notou que Pedro possuía um dom natural e por certo viria a ser um excelente pianista.

***

Aproximava-se a estreia da Orquestra Sinfônica.

A ocasião seria especial para Pedro estrear seu smoking, o que ele não via a hora de fazer, desde que o comprara.

Na manhã do concerto, enquanto faziam o desjejum, Antônio disse a Pedro:

– Hoje é o grande dia, pareço um principiante, sempre fico agitado em noite de estreia.

– Pois não parece. Quem o vê regendo, acha que o senhor já nasceu sabendo conduzir tantos instrumentos de uma só vez.

– É só aparência, principalmente porque apresentaremos apenas Bach. É uma grande responsabilidade.

– Quem é Bach? – perguntou o rapazinho.

– Johann Sebastian Bach é considerado o maior compositor de todos os tempos – relatou o maestro. – Nasceu na Alemanha, em 1685, filho de pai músico e foi destinado, também, a tornar-se músico. Ainda jovem, dominava o órgão e o violino, além de ser um excelente cantor. Deixou uma maravilhosa obra para a qual dedicou toda a sua vida. Teríamos muito a falar de Bach e de sua música magnífica, mas agora não temos tempo, pois precisamos nos preparar para logo mais à noite. Sugiro-lhe que consulte minha biblioteca, onde encontrará a vida e a obra de todos os músicos importantes. Tenho a certeza de que vai adorar – completou Antônio, levantando-se e conduzindo Pedro para os preparativos daquela que seria uma grande noite.

***

Chegaram ao teatro elegantemente trajados, cabelos cortados, sapatos lustrosos e o coração aos pulos pela estreia tão esperada.

Pedro encantou-se com o que viu. Quando ali estivera no ensaio, era ele um solitário espectador. As luzes estavam apagadas, mantendo-se apenas a iluminação do palco. Agora, a plateia estava toda iluminada pelo imenso lustre de cristal, que Pedro admirara mesmo apagado e que mostrava, aceso, todo o seu esplendor ao espargir suas luzes.

As senhoras, belíssimas em seus trajes deslumbrantes, iam se acomodando, acompanhadas por elegantes cavalheiros.

Que emoção, que mundo diferente do que conhecera até então.

O maestro Antônio tinha-lhe reservado uma poltrona na primeira fila, de onde acompanhou, extasiado, o concerto magnífico da Orquestra Sinfônica.

O ponto alto da apresentação foi o número final. Uma belíssima interpretação de Bach em um duo de cravo[1] e alaúde[2], um casamento sonoro maravilhoso, que deixou a todos tomados de emoção.

---

[1] *Cravo– instrumento de teclado de cordas, com um ou dois teclados cujo som é produzido por meio de plectros (varinha de madeira, ouro ou marfim, que fazem vibrar cordas).*

[2] *Alaúde – a palavra alaúde provém de al ude, nome árabe do instrumento que chegou à Europa, provavelmente, após a conquista da Península Ibérica pelos mouros. O alaúde distingue-se do violão pelo diferente formato da caixa de ressonância abaulada.*

Era mesmo bom esse Bach – pensou Pedro impressionado. Com certeza iria se dedicar ao estudo do piano e quem sabe, um dia, teria a felicidade de tocar ali, entre aqueles músicos estupendos.

De fato aplicou-se todos os dias, por muitas horas, ao estudo musical. Por certo o seu sonho de integrar-se à orquestra seria realizado.

***

Os dias foram passando. Certa tarde, após a costumeira aula de música, Duarte falou a Pedro:

– Meu filho, contratei um detetive para investigar sobre sua mãe. É um amigo antigo, que mostrou grande interesse em nos ajudar. Quero muito ter você como filho adotivo, mas para isso, temos que confirmar no seu passado, o relato de sua mãe, na carta que lhe deixou. Amanhã o meu amigo virá me visitar e então apresentá-lo-ei a você.

Pedro sentiu no coração como que um galope, saberia por fim toda a sua história.

V - MARIA INÊS

Como o maestro previra, à tardinha, chegou o detetive seu amigo.

– Entre, meu caro – convidou Duarte. – Venha conhecer Pedro, de quem lhe falei.

– Muito prazer, meu jovem – disse Luís, o detetive, a Pedro.

– O prazer é meu, Sr. Luís. O maestro me informou da possibilidade de o senhor investigar o meu passado e o de minha mãe. Confesso que estou ardendo de ansiedade para conhecer toda a verdade.

– Calma, meu rapaz, não lhe prometo senão empenho para descobrir o que puder. Precisarei de sua certidão de nascimento para iniciar a busca.

Enquanto Pedro foi buscar o documento, Antônio Duarte, colocando sua mão sobre os ombros do amigo, disse-lhe:

– Tenho a certeza, meu caro, de que tudo que for possível descobrir, você o fará.

– Vou me esforçar ao máximo e com certeza, se houver alguma pista, chegaremos lá.

Pedro voltou estendendo sua certidão a Luís.

– Temo levar alguns dias investigando, mas assim que tiver notícias, trarei a vocês. Agora preciso ir.

Luís levantou-se e apertou as mãos de Antônio e Pedro, que o levaram até a porta.

Ao retornarem à sala, Pedro falou:

– Então, maestro, será possível que o detetive encontrará os rastros de minha mãe, após tantos anos?

– Meu caro Pedro, se houver qualquer possibilidade, garanto-lhe que ele encontrará.

***

O detetive, partindo do cartório onde fora lavrada a certidão de nascimento de Pedro, iniciou a investigação.

Conseguiu sem muito esforço, pela experiência que possuía, encontrar o bairro e o endereço de onde vivera Maria Inês.

Fora perguntando para um e para outro, até que conseguiu achar uma senhora que ali permanecera morando desde a época em que a família Silva também ali morara.

Luís chegou ao portão de uma casa muito humilde. Na verdade, era um corredor que abrigava alguns cômodos. Em cada porta, uma família. No fundo do quintal, um tanque e um banheiro comum a todos os moradores.

Bateu palmas e foi recebido por um bando de cachorros "vira-latas", que latiam abanando os rabos.

– Saiam daqui, seus barulhentos! – disse uma senhora, de costas curvadas e cabelos brancos. – Posso ajudá-lo, meu senhor?

– Meu nome é Luís e procuro por Dona Odete, a senhora a conhece? Mora aqui, não é?

– Sou eu mesma. Em que posso servi-lo?

– Gostaria de ter informações de Maria Inês e João da Silva. O dono da padaria aí na esquina, disse que a senhora é a mais antiga moradora do bairro e quem sabe poderia me ajudar.

– Maria Inês foi como minha filha – disse a mulher, visivelmente emocionada. – Mas por favor, entre, vamos conversar lá dentro. Não repare que é casa de pobre.

Entraram em uma sala pequena, muito simples, mas que mostrava muita higiene. Havia um sofá cama, coberto com uma colcha de retalhos, muito limpa e bem passada. Em um canto, uma pequena mesa, adornada com uma toalhinha de crochê e um vasinho com três rosas brancas. Na parede, o rosto de Cristo, com seu olhar sereno, parecendo abençoar aquele espaço que exalava a Paz.

Dona Odete aproximou-se do fogareiro, que ficava ao lado da mesa, pegou o bule e despejou em um copo um pouco de café, oferecendo-o a Luís.

– Vamos lá, o que deseja saber sobre Maria Inês e João?

– Um grande amigo meu abriga um jovem chamado Pedro que, conforme sua certidão de nascimento, é filho de João e Maria Inês da Silva. Estou buscando informações para saber se o rapaz tem ainda algum parente.

O rosto de Odete tornou-se pálido e com voz trêmula falou:

– Pedro, meu Deus! O senhor tem notícias do Pedrinho? Por favor, conte-me tudo.

– Pois é, Dona Odete, Pedro foi criado em um orfanato, onde foi deixado, ainda bebê, com uma carta da mãe dizendo não ter mais condições de tê-lo com ela. Agora, já com quinze anos, está na casa de um amigo que quer adotá-lo como filho, precisando para tanto saber se seus pais estão vivos.

– Infelizmente, nenhum dos dois está vivo. João faleceu deixando Maria Inês grávida. Passavam por grandes dificuldades, nem o aluguel do quarto onde moravam, podiam pagar. João, desempregado, catava papéis ou fazia qualquer trabalho que lhe aparecia à frente. Certa manhã, saiu muito cedo, estando ainda escuro, a fim de conseguir algum dinheiro para comprar pelo menos o pão. Ao atravessar a rua, um carro em velocidade o atropelou, matando-o. Aí sim as coisas pioraram. Maria Inês, já prestes a ter o bebê, quando soube da notícia ficou desesperada, chorou muito e acabou passando muito mal. Eu a trouxe para ficar comigo. Sempre fui só e poderia me apertar para acudir a pobre coitada naquele momento tão triste.

Após alguns dias, eu mesma ajudei a trazer a criança ao mundo. Era um menino magrinho, mas com uma carinha muito bonita.

Maria Inês deu-lhe o nome de Pedro. Eu mesma fui registrá-lo. Com o passar do tempo, Maria Inês, muito debilitada, sentia que sua situação se agravava. Disse-me um dia:

– Dona Odete, a senhora foi um anjo que Deus colocou em meu caminho. Sinto-me fraca, sei que não viverei muito tempo. Preciso encaminhar meu filho para algum lugar onde tenha alimentação e educação.

– Maria Inês, eu gostaria muito de educar seu filho, mas como você vê, a minha situação não permitiria dar a essa criança tudo que necessitará. Nos abraçamos e choramos juntas, pelo triste momento que vivíamos. Convidei-a a buscarmos Deus para que nos inspirasse. Ajoelhamos e Maria Inês orou:

– *Deus, meu Pai, Jesus, meu Senhor, Maria Santíssima, Mãe de todas as mães, rogo-vos, neste momento, por meu pequeno filho. Dai-me, eu imploro, a orientação necessária para o encaminhamento desse ser, que eu in-*

felizmente não poderei criar, pois sei estar prestes o meu fim.

– Em seguida, muito comovidas, fomos dormir. Na manhã seguinte, quando acordei, não encontrei Maria Inês. Um pouco mais tarde retornou e disse-me, com o rosto pálido e coberto de lágrimas:

– Dona Odete, fiz o que achei melhor para o Pedrinho. Deixei-o em uma casa que me indicaram, de uma senhora muito bondosa que, mesmo lutando com dificuldades, acolhe crianças abandonadas. Coloquei junto a ele uma carta, pedindo-lhe perdão, e a sua certidão de nascimento, da qual, com certeza, irá precisar um dia. Após uma semana, quando nada comeu e apenas chorava, a debilidade que já tomava há tempos o seu organismo, fê-la sucumbir. Foi para mim uma grande tristeza. Perdia a amiga, separava-me da criança que ajudei a pôr no mundo, mas que por infelicidade não poderia manter. Os anos se passaram, mas nunca deixei, em um só dia, de orar por Maria Inês e Pedrinho. Por favor, é a sua vez de contar-me o destino do garoto.

– Dona Odete, já adivinhava haver uma história bem triste por trás da vida de Pedro. Mas, agora, acredito que suas preces foram ouvidas, pois o garoto está na casa de uma pessoa maravilhosa, que tomou-se de amores pelo rapaz, como se fosse seu filho de sangue e que também possui uma ótima situação financeira. Acredito que Pedro será muito feliz.

Luís contou, então, à Dona Odete, a parte da vida de Pedro que ela desconhecia. Desde a chegada ao orfanato, até o encontro com Antônio Duarte.

Abraçou a senhora, após seu relato e disse que voltaria sempre que pudesse para trazer notícias de Pedro e que, na primeira oportunidade, o traria para que ela visse o belo rapaz em que se tornara o bebê que ela trouxera ao mundo.

Saiu da casa muito emocionado.

Tinha que ir imediatamente levar a Pedro e a Duarte o que descobrira.

Dona Odete, ficando só, contemplou o rosto de Cristo, que parecia lhe sorrir. Sentiu uma paz interior, uma doce saudade da amiga que tanto sofrera:

– Meu Jesus, o que será feito de Maria Inês, guarde--a, Senhor, e deixe que ela saiba que seu filho será muito bem protegido, daqui para frente.

Mal sabia a mulher que, ao lado dela, Maria Inês, Salviano e Gabriel ouviam sua prece. Estiveram acompanhando Luís, facilitando-lhe a localização de Odete.

Salviano, após colocar a mão sobre Odete e lhe transmitir fluidos benéficos, dirigiu-se aos companheiros:

– Meus queridos, vejam como Deus está sempre

junto a Seus filhos. Nada acontece por acaso. Você, Maria Inês, através do amor materno, sempre buscou a Deus para auxiliá-la. Ele colocou esta bondosa senhora em seu caminho no momento mais difícil de sua vida. As orações dela sempre reverteram em benefícios a Pedro e a você. Gostaria que todos tivessem a felicidade de saber que nunca estamos sós, que a ligação nossa com Deus permite que, em todos os momentos de nossas vidas tristes ou felizes, sejamos guardados e auxiliados. E que as nossas preces sejam por nós ou para outros, quando sinceras, são sempre ouvidas. Às vezes não reparamos que o auxílio chegou nas mãos de alguém, ou nas oportunidades que nos aparecem. Aprenda, meu caro Gabriel, como funciona a lei de causa e efeito. Muito em breve você conhecerá a causa de todos os acontecimentos que presenciamos agora.

VI - A VERDADE

Como prometera, Luís foi imediatamente relatar a Antônio e a Pedro tudo o que descobrira.

Quando Ana anunciou a chegada do detetive, a ansiedade tomou conta do rapaz e do maestro, que foram logo recebê-lo.

– Entre, Luís, estamos na maior expectativa para ouvi-lo.

– Boa noite, meus caros, tenho a certeza que gostarão das notícias que lhes trago.

Antônio, pegando Luís pelo braço, levou-o à sala de música, acomodando-o em uma poltrona, sentando-se à sua frente; Pedro, por sua vez, acomodou-se no chão, sobre as pernas cruzadas e o olhar cheio de curiosidade cravado no rosto daquele homem que iria desvendar o mistério de seu nascimento.

– Até que não foi difícil chegar aos esclarecimentos que vocês me pediram. Parecia até que alguma coisa ia me levando aos lugares certos. Pesquisei e consegui encontrar uma senhora, muito bondosa, que me contou tudo o que sabia com relação a Pedro.

– Então, pelo Amor de Deus, nos conte, que estamos ardendo de tanta curiosidade – disse o maestro.

– A senhora, chamada Odete, me contou os detalhes que vou agora passar a vocês.

E com calma, Luís foi relatando, passo a passo, tudo o que fizera para descobrir o passado de Pedro.

Os olhos do jovem foram se enchendo de lágrimas, até que, como um rio represado, transbordou por sua face e sem que pudesse se conter, despencou em soluços.

Antônio levantou-se, sentou-se ao lado do rapaz no chão e o aconchegou entre seus braços.

– Calma, meu filho, sabíamos que iríamos encontrar uma história triste atrás de você, mas apesar das dores sofridas por seus pais, temos a felicidade de saber que você foi uma criança amada, que foi o fruto de um intenso amor, unindo um casal. As dificuldades com que eles lutaram mostraram que foram humildes e muito dignos e que o fato de sua mãe tê-lo deixado naquela casa, foi porque adivinhava que estava prestes a sua partida e não queria deixá-lo abandonado.

– De fato, caro amigo, pelo relato de Dona Odete, Maria Inês, sua mãe, Pedro, o amava muito e também a própria Odete que o trouxe ao mundo, e que, apenas por não ter nenhuma condição de educá-lo, não ficou com você. Mas sempre pensou em você, desejando intensamente que fosse feliz. Pediu-me, inclusive, para conhecê-lo, pois quer muito abraçá-lo.

Pedro, passando as mãos pelo rosto, enxugou as lágrimas e disse com voz entrecortada:

– Agradeço, Sr. Luís, por tudo que o senhor fez. Eu também quero muito conhecer a Dona Odete. Orgulho-me da minha origem simples, mas sobretudo, estou muito feliz por saber que minha mãe me deixou, não por não me amar, mas, ao contrário, por me amar demais.

– Agora peço-lhes licença, pois preciso me retirar – disse o detetive, levantando-se e estendendo a mão para Antônio que a apertou fortemente.

– Meu grande amigo, todo o dinheiro do mundo seria insuficiente para recompensá-lo pelo grande bem que nos fez.

– Deixe para lá, Antônio, a nossa amizade é a maior paga que eu poderia receber.

Encaminharam-se para a porta de saída, onde Antônio e Pedro ficaram acenando ao amigo até que seu carro partisse.

Entraram abraçados como pai e filho, acomodaram-se novamente na sala de música e então Antônio falou:

– Pedro, entendo que esta emoção foi demais para você. Quero que vá descansar. Amanhã vou levá-lo a um lugar de que, tenha a certeza, você gostará muito. É o nosso refúgio, meu e de Ana, bem como de todos os que buscam o conhecimento, o amor de Deus, os ensinamentos do mestre Jesus e as respostas para os complicados problemas de nossa existência.

Nesse instante, Ana entrou trazendo uma bandeja com chá, torradas e biscoitos.

– Vamos, minha gente, vamos tomar um chazinho e depois vamos "nanar".

Todos riram, descontraindo um pouco a tensão que ficara após o relato de Luís.

***

No dia seguinte, um domingo, Antônio foi pessoalmente acordar Pedro.

– Vamos lá, Pedro, levante-se, temos que aproveitar a energia do magnífico sol que está banhando esta linda manhã.

Pedro sentou-se na cama esfregando os olhos e abrindo um sorriso terno.

– Bom dia, maestro! Foi difícil dormir, pensei muito em meus pais e em tudo o que está me acontecendo.

– É natural, meu filho, são muitas as novidades em tão pouco tempo. Agora vá tomar um banho, que vou esperá-lo para o café. Depois vamos visitar o lugar do qual lhe falei ontem à noite.

***

E assim foi feito. Após o café reforçado, foram em busca do carro de Antônio, que colocou uma suave melodia no toca CDs. Era uma melodia relaxante, que foi penetrando na alma de Pedro e de Antônio. Foram calados, aproveitando aquele momento mágico, como se tivessem medo de quebrar a harmonia daquela paz que os invadia.

Lá fora, o sol morno da manhã espargia sua luz,

deixando tudo à sua volta muito luminoso. O azul do céu, sem nenhuma nuvem, completava a beleza da paisagem.

VII - PAULO

Chegaram finalmente. Antônio estacionou seu carro, dizendo:

– Pronto, agora você vai conhecer uma pessoa fantástica.

Estavam em frente a uma casinha térrea, pintada de branco, com telhado vermelho, as janelas e a porta pintadas de azul escuro, dando a impressão de uma casa de contos. Era construída no centro de um terreno; na frente, uma cerca azul, do tom das janelas, com um portão que tinha sobre ele um arco, que abrigava um pequeno sino com uma cordinha ao lado.

Quando o maestro tocou o sino, da lateral da casa surgiu um cachorrinho marrom que, ao vê-lo, começou a latir, com o rabo abanando, mostrando toda a sua satisfação.

– Alô Japi! Eu também estou feliz em ver você – Antônio disse sorrindo, ao mesmo tempo em que afagava a cabeça do gracioso animal.

A porta se abriu, aparecendo um senhor de meia-idade, com os cabelos brancos parecendo neve e olhos azuis que espargiam uma doçura contagiante.

– Logo vi que era você, meu amigo, pelo barulho que este malandro está fazendo.

Antônio e Pedro ultrapassaram o portão indo ao encontro daquela figura que transmitia, à primeira vista, a bondade que possuía.

Os dois amigos se abraçaram longamente, em um gesto afetuoso, demonstrando o carinho que os unia.

– Paulo, que saudades! Quando passo um tempo sem vê-lo, sinto que falta alguma coisa em minha vida.

– Antônio, meu querido amigo, eu também sinto muito a sua falta. Aliás, por que ficou tanto tempo sem vir me ver?

– Quero lhe apresentar o mais recente amigo que conquistei. Pedro, este é Paulo, o nosso orientador espiritual, meu e de Ana.

O rapaz estendeu a mão, recebendo a cálida mão de Paulo, que apertou a sua com suave energia.

– É por causa dele e da minha última temporada no teatro, que estive um pouco afastado – explicou Antônio.

– Então, vamos entrar – disse Paulo, colocando os

braços nos ombros dos visitantes, enquanto Japi continuava saltando e fazendo muita festa para Antônio.

A sala de visitas era um primor. Quatro poltronas de encosto alto, estampadas com pequenas flores, dispostas em torno de um gracioso tapete colorido, feito de lã. Ao canto, a lareira, sobre a qual havia um quadro de Maria, Mãe de Jesus, cujo olhar parecia acompanhar, em qualquer posição que se estivesse na sala. Havia também uma cadeira de balanço ao lado de uma pequena mesa redonda, com um abajur e alguns livros empilhados.

Antônio e Pedro sentaram-se nas poltronas, enquanto Paulo se acomodava na cadeira de balanço.

O maestro, então, começou a contar como encontrara Pedro e como soubera de seu passado.

O rosto de Paulo estampava um meio sorriso e seu ar complacente deixava perceber que aquela história não era totalmente desconhecida para ele.

– Você se lembra, Antônio, de quando nos vimos pela primeira vez?

– Por certo, jamais poderia esquecer – respondeu o maestro, comovido.

– A nossa boa Ana o trouxe quando você passava pelo desgosto da partida de sua esposa. Disse-lhe que tudo o que nos acontece tem um sentido e que precisamos analisar e encarar com fé e coragem os fatos que a vida nos reserva. Naquela ocasião, você me contou que ficara muito triste com a partida de sua esposa, que era uma excelente companheira e amiga e lamentava não ter podido ter um filho que lhe fizesse companhia naquela hora tão difícil. Se está lembrado, eu lhe disse que se resignasse, que muitas alegrias lhe estavam destinadas. Hoje, Pedro está ao seu lado e será o filho que você não concebeu, mas que não o amará menos por conta disso.

– É verdade, meu caro Paulo, naquela época eu nada sabia das coisas do espírito e você foi como uma tábua de salvação em minha vida. Serei sempre grato a Ana por tê-lo, um dia, me apresentado. A partir daquele primeiro encontro, comecei a ler as obras de Kardec e os maravilhosos livros de Francisco Cândido Xavier. Fui me esclarecendo e, com certeza, comecei a entender os mistérios da vida e me tornei um homem melhor.

– Pois então, eu já sabia que alguém como Pedro chegaria em sua vida. Os mentores espirituais que nos assistem disseram-me que isso aconteceria. Nada contei, para não criar expectativa.

– Quem são os mentores espirituais? São adivinhos? perguntou Pedro, meio tímido.

Antônio e Paulo riram da ingênua pergunta do rapaz.

– Não, Pedro, não são adivinhos – respondeu Antônio. – Eu o trouxe aqui, exatamente, para iniciá-lo nos ensinamentos espirituais. Hoje estamos apenas visitando o caro amigo, mas iremos combinar com ele o seu retorno, com frequência, para conhecer a verdade maravilhosa que nos conforta, nos dá esperança e nos ensina a viver. Você aprenderá a conhecer e introjetar no seu coração e em suas ações os ensinamentos de nosso mestre Jesus e terá a oportunidade, sem dogmas, de saber a verdadeira razão de nossas vidas.

– Está certo, Antônio, terei um imenso prazer em receber Pedro para ajudá-lo com os estudos espirituais. Ele terá a oportunidade, além disso, de conhecer vários jovens que se reúnem para a prática do amor ao próximo.

– Estou muito curioso – disse Pedro. – Nunca tive a oportunidade de falar sobre essas coisas com alguém. Sempre achei que nascíamos e que quando morríamos tudo se acabava. Sendo assim, como entender a Justiça Divina ao comparar a vida que tive, com a vida dos que tudo têm?

– É exatamente por aí que começaremos a sua instrução. Vamos lhe ensinar o porquê das diferenças e onde está a bondade de Deus em assim determinar. Agora vou buscar um chá bem gostoso, com bolinhos de chuva, para comemorarmos a nossa nova amizade.

O bondoso senhor levantou-se para providenciar o que havia prometido, deixando a sós Pedro e Antônio.

– Maestro, que homem diferente! Tem um olhar tão sincero e bondoso. Acho que vou gostar muito de ouvi-lo nas coisas que irá me ensinar.

– Tenho certeza, Pedro, não só você irá gostar, como modificará completamente a sua vida e o seu modo de pensar.

– Aqui está o lanche, pessoal – disse Paulo, entrando na sala, trazendo nas mãos a bandeja com o chá e um prato de bolinhos cobertos de açúcar e canela, que perfumaram o ar.

Os olhos do jovem faiscaram olhando os bolinhos e, salivando, disse:

– Oba! Vamos experimentar, devem estar uma delícia!

Sorveram o líquido fumegante e ainda ficaram por um bom tempo conversando e acertando as visitas que Pedro faria para que Paulo o ajudasse a aprender e compreender os novos ensinamentos.

VIII - O ENCAMINHAMENTO DE PEDRO

Ao regressarem da casa de Paulo, Antônio e Pedro foram para a sala de música, conversar. O maestro dirigiu-se a Pedro:

– Então, gostou de Paulo? – perguntou.

– Maestro, nunca poderia imaginar que houvesse alguém nessa vida, que transmitisse tanta paz.

– De fato, Paulo é uma bênção para todos nós que o conhecemos e convivemos com ele. Amanhã vou procurar um bom curso supletivo para matriculá-lo, assim você poderá terminar seus estudos e mais tarde cursar uma faculdade de sua vocação. Paralelamente a isso, iremos à casa de Paulo para o estudo da doutrina espírita.

– O senhor está sendo, para mim, muito mais que um verdadeiro pai – falou o jovem, comovido.

– Tenho a certeza, meu filho, de que nunca me arrependerei com relação a você.

Durante as semanas que se seguiram, Duarte viabilizou, como havia dito a Pedro, o necessário para que ele retornasse aos estudos.

Voltaram à casa de Paulo, ficando acertado que Pedro iria lá, sempre que pudesse, para ser esclarecido nos chamados "mistérios" da vida.

No primeiro dia, no qual se iniciaram os estudos evangélicos, Pedro ficou conhecendo o restante da casa. Na parte posterior, havia uma área relvada, onde uma árvore frondosa fornecia refrescante sombra a dois bancos compridos, colocados um de cada lado de uma extensa mesa de madeira.

Os passarinhos cantavam, enchendo de harmoniosa melodia aquele espaço que fora, propositadamente, idealizado para os encontros de Paulo com seus alunos.

Nos galhos da árvore havia diversos bebedouros para beija-flores, que sugavam a água adocicada que Paulo, todos os dias, colocava para eles. Em agradecimento, sobrevoavam por toda a parte, enfeitando o lugar com o colorido de suas asas, deixando uma mensagem de felicidade.

Paulo e Pedro sentaram-se, um de cada lado da mesa, onde já estavam diversos livros e uma jarra de limonada.

– Pedro, nós iremos estudar o que é o espiritismo, a Doutrina de Jesus, os livros do codificador Allan Kardec, os livros de Emmanuel, André Luiz, Léon Denis e vários outros autores, que contribuirão muito para o seu conhecimento geral. Faremos leituras, comentaremos os ensinamentos e você levará os livros para ler em sua casa, trazendo todas as semanas as dúvidas que encontrar. Durante algum tempo, seremos só nós dois, depois se juntarão a nós os jovens que estão mais adiantados e que praticam o Evangelho do Cristo junto aos necessitados. Você gostará muito de conhecê-los, são alegres, alguns são músicos e se preparam sempre, com lindas melodias de louvor a Deus, Jesus, Maria e aos mentores que nos assistem, antes de saírem para as costumeiras visitas a orfanatos, creches, asilos de velhinhos, hospitais e onde mais se façam necessários. Se você quiser e gostar, poderá se juntar ao grupo.

– Com certeza, mestre Paulo, tenho o maior interesse em ajudar, uma vez que eu próprio sofri na carne a necessidade física e a falta de amor.

– Todas as vezes que nos reunimos para qualquer tipo de trabalho ou estudo, fazemos sempre uma prece, pedindo a proteção e a intuição necessárias ao Plano Espiritual. Sabemos que nunca estamos só nós, os encarnados, mas também, os espíritos que vêm até nós para aprender ou nos ajudar.

– Isso para mim é completamente estranho, nunca ouvi falar dessas coisas, mas tenho grande interesse em conhecer – disse Pedro.

– Então vamos lá – Paulo estendeu a mão, colocando no aparelho de som portátil que sempre utilizava nas horas das preces, a Ave Maria.

Pedro sentia uma sensação tão maravilhosa, como nunca experimentara.

– Deixemos que nossos espíritos sintam a melodia, relaxando as tensões de nossos corpos e entremos em sintonia com o Plano Espiritual Maior.

Ambos foram quase se desligando do corpo físico, envolvidos que estavam por aquela magia.

"Nós vos buscamos, Arquiteto do Universo, elevamos nossas almas até Vós. Estamos, neste momento, sob a proteção da Luz do mestre Jesus e de Maria, Sua Mãe Santíssima, que permitem que os Mentores Espirituais se juntem a nós, neste momento de exaltação e amor, somando os nossos sinceros sentimentos à Luz que cai sobre nós, a qual desejamos se expanda pelo nosso Planeta, em todos os cantos onde houver um lamento de dor".

Paulo orava, parecendo estar fora de seu próprio corpo. Pedro acompanhava aquela prece como um momento raro em sua vida, deixando que as lágrimas de emoção escorressem pela sua face.

Os pássaros pareciam perceber o que ali se passava e deixaram de cantar, mas não saíram do lugar.

Enquanto isso, junto aos dois encarnados, Salviano, Maria Inês, Gabriel e mais alguns amigos espirituais comungavam da Paz Divina daquele momento. Uma chuva de pontos luminosos circundavam os presentes, encarnados e desencarnados e depois juntavam-se em um grande feixe de luz, indo, com certeza, atingir a todos os necessitados.

Calmamente, Paulo contemplou aquele jovem à sua frente, fortemente impressionado, que ainda mantinha cerrados os seus olhos, estampando no rosto uma serena tranquilidade.

– Pronto, Pedro, vamos dizer que você acaba de ter sua primeira aula prática. Aquele que ama ao próximo como a si mesmo, estará sempre ligado ao Plano Espiritual Maior, na intenção de enviar energias salutares de fé, paciência, compreensão e resignação a todas as criaturas que necessitem. Agora, devidamente preparados, vamos à nossa lição de hoje. O estudo da Doutrina, codificada por Kardec, abrange a filosofia, a ciência e a religião. Eu soube que Antônio o matriculou para complementar seus estudos. Será importante que se empenhe neles, para poder acompanhar com maior clareza o que vamos estudar aqui. Por enquanto vou lhe explicar algumas coisas, em linguagem simples para seu melhor aproveitamento. À medida que for aprendendo, aumentaremos a profundidade das lições. Você nos disse acreditar que o homem nasce e morre, nada mais restando, mas quando o conhecimento chegar, irá compreender que as coisas não se passam dessa maneira.

"Deus é o Espírito de Sabedoria, de Amor e de Vida, o Poder Infinito que governa o mundo.

Não procures Deus nos templos de pedra e de mármore. Se O queres conhecer, procures no templo eterno da Natureza, no espetáculo dos mundos a percorrer o Infinito, nos esplendores da vida que se expande em sua superfície, na vista dos horizontes variados; planícies, vales, montanhas e mares que a tua morada terrestre te oferece. Por toda a parte, à luz brilhante do dia ou sob o manto constelado das noites, à margem dos oceanos tumultuosos, e assim na solidão das florestas, se te sabes recolher, ouvirás as vozes da Natureza e os sutis ensinamentos que murmuram aos ouvidos daqueles que frequentam sua solidão e estudam seus mistérios.

Nossos sentidos exteriores são limitados. Eles se apuram à medida que o ser se eleva na escala da existência e dos aperfeiçoamentos. O mesmo se dá com o conhecimento e a posse das leis morais.

O Universo se desvenda aos nossos olhos, à proporção que a nossa capacidade de compreender as suas leis se desenvolve e engrandece.

Deus está em cada um de nós no templo vivo das nossas consciências. É Ele que leva e faz resplandecer no fundo de nossas almas as santas imagens do bem, da verdade, da justiça e é honrando essas imagens divinas, no culto diário, que as nossas consciências, ainda obscuras, se purificam e se iluminam.

As nossas paixões são forças perigosas, quando estamos escravizados; e úteis e benfeitoras, quando sabemos dirigi-las; subjugá-las é ser grande; deixar-se dominar por elas, é ser pequeno e miserável.

Se queres te libertar dos males terrestres, escapar às reencarnações dolorosas, grava em ti a lei moral e pratica-a.

Unamos nossas vozes às do infinito.

Tudo ora, tudo celebra a alegria de viver, desde o átomo que se agita na Lua até o astro imenso que flutua no éter. A adoração dos seres forma um concerto prodigioso que se expande no espaço e sobe a Deus. É a saudação dos filhos ao Pai, é a homenagem prestada pelas criaturas ao Criador.

Interroga a natureza no esplendor dos dias de sol, na calma das noites estreladas. Escuta as grandes vozes dos oceanos, os murmúrios que se elevam do seio dos desertos e das profundezas dos bosques, os acentos misteriosos que se desprendem da folhagem, repercutem nos desfiladeiros solitários, sobem as planícies, os vales, franqueiam as alturas e espalham-se pelo Universo. Por toda a parte, em todos os lugares, concentrando-te, ouvirás o cântico admirável que a Terra dirige à Grande Alma. Mais solene ainda, é a prece dos mundos, o cantar suave e profundo que faz vibrar a imensidade e cuja significação sublime somente os Espíritos elevados podem compreender".

As horas passaram tão rapidamente que nenhum dos dois amigos se apercebeu.

Paulo, consultando o relógio, disse:

– Como o tempo passou depressa! Não o sentimos passar, quando nos envolvemos com a sublimidade dos estudos. Devemos reverenciar a Léon Denis[1], espírito iluminado que esteve entre nós, deixando-nos, em seus ensinamentos, um legado de amor e esperança. Espero que lhe agrade tanto quanto a mim.

– Pode ter a certeza, mestre, que por mim ficaria aqui a ouvi-lo até amanhã.

– Então, vamos agradecendo a Deus por esta tarde maravilhosa e passemos ao nosso refresco. Na próxima vez, continuaremos do ponto em que paramos hoje.

Na esfera espiritual também houve uma confraternização entre os participantes. Salviano colocou suas mãos sobre Pedro e Paulo, deixando-lhes bênçãos de paz e energia.

Maria Inês olhava a cena e mentalmente agradecia profundamente a Deus o encaminhamento de seu amado filho.

Sabia que estava prestes a conhecer os laços do passado que a atavam ao filho e ao generoso homem que o abrigava em seu lar.

[1] *Léon Dinis: um sucessor e propagador da Doutrina codificada por Kardec. Nasceu em Foug, França--1846;faleceu 1927, em Tours-França. Os trechos citados são das obras:* O Grande Enigma *e* Depois da Morte.

XI - O PASSADO

Após a participação com Paulo nos estudos daquela tarde, o grupo espiritual, liderado por Salviano, foi se reunir para a análise do que haviam presenciado.

– Maria Inês, é hora de saber de seu passado e você, Gabriel, entender como a Justiça Universal, a qual se funda nas Leis de Deus, se manifesta como lei de causa e efeito. Plantamos as sementes, através de nosso livre-arbítrio, do que julgamos conveniente. Todos teremos, sem distinção, a oportunidade de escolher entre dois caminhos, mas feita a semeadura, a colheita será obrigatória. Ferimos a Lei, julgando estar na satisfação imediata de nossas paixões, o encontro da felicidade. Passamos pela vida como se fosse eterna, construímos, com nossas próprias mãos, os caminhos da existência futura. Conquistamos desafetos, passando por cima dos sentimentos alheios para a satisfação do nosso orgulho, mas não lembramos que seremos responsabilizados pelos nossos atos e muitas vezes acordamos para a realidade quando não há mais tempo de evitar o mal que espalhamos. Então, o resgate necessário se fará, através do caminho da dor.

O amor de Deus, como sempre, se apresenta a nosso benefício. A bênção da reencarnação nos proporciona a oportunidade de reconstruirmos, junto aos quais um dia prejudicamos, o edifício de amor, respeito e compreensão, com a dádiva do esquecimento do passado, para que o mesmo não interfira em nossos novos propósitos de evolução.

Regularmente são utilizados os laços de família para que, através do convívio, o amor fraterno ou filial possa exercer a sua força, superando ódios e os rancores do passado.

Vejamos o que aconteceu com Maria Inês na sua penúltima passagem pela vida terrestre.

Atrás de Salviano havia uma tela, como se fosse um grande televisor. O mentor espiritual girou sua cadeira e, acionando um dispositivo, começaram a aparecer imagens de um tempo bem antigo.

Pelo vestuário poder-se-ia identificar a época do império brasileiro; o ano exato, janeiro de 1828, quando o principal produto de exportação, o café, fez a fortuna e o prestígio dos chamados "barões do café"; o local, sudeste do Brasil.

As carruagens rodavam pelas ruas, enquanto que no passeio desfilavam senhoras com seus vestidos rodados e longos, com chapéus adornando as faces e protegendo os cabelos.

A cena registrou uma bela e jovem senhora acompanhada por sua mucama, entrando em uma loja que vendia vários objetos vindos da Europa e do oriente: tecidos, chapéus, adornos, joias, perfumes e tudo o mais que costuma encantar as mulheres.

– Meu Deus, sou eu! – exclamou Maria Inês, enquanto seus olhos arregalados contemplavam a tela à sua frente.

– Sim, minha filha, você teve a permissão, hoje, de conhecer o seu passado para compreender o porquê de tantas dificuldades que teve que passar junto ao marido e ao seu filho recém-nascido.

***

Abriremos uma pausa em nossa narrativa, para explicar ao leitor que manteremos os mesmos nomes dos personagens que já conhecemos, para melhor identificá-los na experiência que os ligou na vida anterior.

***

Salviano continuou falando, dirigindo-se agora a Gabriel:

– Acompanhe, Gabriel, os episódios que você vai assistir aqui e perceba como a benevolência do Altíssimo sempre nos dá a oportunidade de recomeçarmos, resgatando o nosso passado delituoso.

Novamente, as cenas interrompidas para as explicações de Salviano, retornaram à tela.

***

– Venha, Benta, mexa-se, que temos muito a comprar para o sarau[1] de logo mais à noite – disse a jovem senhora enquanto empurrava porta a dentro, a pobre mucama, que entrou tropeçando.

– Boa tarde, Marquesa! Que prazer recebê-la. Em que lhe posso ser útil? – perguntou o lojista, cheio de reverência, à importante dama que chegara no estabelecimento.

– Boa tarde, meu caro Sr. Francisco! – respondeu a Marquesa Inês de Sá, esposa do importante Marquês Pedro de Sá, uma das maiores fortunas do lugar.

– Receberei hoje alguns convidados para o nosso costumeiro sarau. Quero saber se há alguma novidade que eu possa adquirir.

– Marquesa, com a sua permissão – disse Francisco esticando os braços em direção a uma cadeira muito bonita, em madeira entalhada em toda a sua estrutura, sendo o acento e o encosto forrados com tecido de cetim, com flores pintadas à mão. – Por favor, sente-se aqui, esta é uma cadeira recém chegada da França, na qual faço gosto, seja a Marquesa a primeira a sentar-se.

---

[1] *Sarau: festa ou concerto noturno, em casa particular, clube ou teatro.*

Inês de Sá, com seu ar prepotente, cheio de empáfia, sentou-se abrindo o leque de madrepérolas, abanando-se impaciente.

– Então, vamos logo com isso, mostre-me as novidades, pois estou com muita pressa.

O homem começou a desfilar maravilhas sob o olhar crítico da linda mulher.

Sedas da Índia, perfumes franceses, joias crivadas de diamantes e pérolas, chapéus de vários formatos, no melhor estilo à moda da época. Por fim, trouxe um magnífico aparelho de chá, de porcelana, também pintado à mão, bules e jarros de prata de lei.

– Fico com os objetos de prata, os perfumes e a seda. Quero também várias caixas de chá inglês e aqueles deliciosos biscoitos italianos, que me vendeu na última vez. Mande entregar, imediatamente, em meu palacete e vá receber o valor de tudo com meu marido, em seu escritório. Ah! Não esqueça de mandar muitas velas perfumadas.

Assim, do mesmo modo que entrara saiu farfalhando as saias de seda, arrastando Benta atrás de si.

O comerciante ficou olhando aquela figura altiva subir ao coche ajudada pelo boleeiro[1]. Olhou para a sua mulher escondida atrás das cortinas, dizendo:

[1] *Boleeiro: cocheiro.*

– Lá se vai a Marquesa. Hoje é dia em que seus salões vão brilhar, com os convidados que faz questão de selecionar. Ninguém menos importante do que ela e o marido tem acesso aos seus saraus.

A mulher saiu tímida de trás das cortinas, dizendo:

– Tenho medo quando aqui ela vem. É sempre tão rude com as pessoas humildes. Seus escravos são tratados como coisas e não como gente de carne e osso.

– Guarde sua opinião para você mesma. Que ninguém a ouça. A Marquesa é a minha melhor freguesa e jamais poderemos abrir mão do dinheiro que nos paga – falou o marido, com ar preocupado.

X - O PALACETE

A carruagem adentrou no jardim maravilhoso do palacete dos Sá.

Do portão até a residência havia uma alameda[1] adornada com belas palmeiras imperiais. Pequenas ruas entremeavam-se desembocando todas na aleia[2], ladeadas com arbustos podados, mantendo, todos, a mesma simetria.

[1] *Alameda: rua ou avenida marginada de árvores*
[2] *aleia: alameda*

No espaço atrás dos arbustos, espalhavam-se várias roseiras com flores de todos os matizes, que se misturavam, dando um lindo colorido ao jardim.

A família de Pedro de Sá, além do palacete, possuía uma fazenda de café e um escritório de exportação, que servia também como uma espécie de banco, emprestando dinheiro a juros, recebendo como garantia as colheitas dos cafeicultores; comprando e vendendo terras, aumentando cada vez mais a sua fortuna.

O casal não possuía filhos. Era grande a diferença de idade entre os dois; o Marquês contava 50 anos, enquanto Inês não tinha ainda passado dos dezoito. Essa diferença deixava Pedro muito enciumado, pois sabia que a esposa despertava o interesse dos homens, por ser jovem e muito bela.

A Marquesa provocava os sentimentos do marido com o seu temperamento expansivo. Adorava festas e a corte dos cavalheiros da qual era alvo, enchendo-a de vaidade.

O orgulho da beleza, o poderio da fortuna e a pouca idade, faziam-na uma pessoa fútil, às vezes impiedosa. Não tinha amor pelo marido, o casamento fora puro interesse de família, mas não por parte do Marquês, que a amava alucinadamente.

Apesar do ciúme, permitia que promovesse e participasse de reuniões festivas.

Inês desceu da carruagem e, com passos apressados, dirigiu-se diretamente à cozinha. Ali estava um burburinho das cozinheiras que se agitavam no ir e vir com os quitutes já preparados.

Sobre uma longa mesa já estavam bolos, doces e salgados, distribuídos em travessas finíssimas, delicadamente arrumados.

– Então, Luzia – disse a Marquesa a uma negra gorda, de rosto lustroso, que lhe dava um ar saudável, cujo sorriso era enfeitado por belos dentes muito alvos, vestida com uma saia rodada, sobre a qual usava uma bata e um turbante que lhe escondia os cabelos, todos na cor branca – essas preguiçosas já estão com tudo pronto para logo mais?

– Ah! Sinhá – respondeu Luzia, que era a encarregada geral da cozinha – não são preguiçosas não. Trabalharam a semana toda nos quitutes que a senhora Marquesa encomendou.

– Eu sei que você sempre defende essa corja. Mas ai de você se alguma coisa sair errada.

– Tenha calma, sinhá, tudo está pronto, conforme o seu gosto. A festa será, como sempre, muito bela.

Luzia respondia com muita calma e serenidade. Sempre conseguia desmontar as atitudes intempestivas da jovem marquesa. Era a única escrava por quem Inês tinha certa simpatia.

Inês virou-se e foi inspecionar o salão. Tudo brilhava, os vasos estavam adornados com flores frescas, o chão reluzia de tão limpo, enfim, tudo conforme determinara.

– Benta, vá preparar-me um banho quente. Mande o jardineiro colher muitas rosas perfumadas e coloque-as na água para que fique bem aromatizada.

Benta correu em busca do jardineiro, enquanto a Marquesa dirigiu-se aos seus aposentos. Sobre sua cama estava um lindo vestido de seda negro, enfeitado no corpete por pérolas, com um farto decote que, certamente, iria valorizar muito sua silhueta. Ficou ali, olhando o vestido, pensando qual joia poderia usar, nada que alguém já conhecesse. Foi até a penteadeira pegou a caixa de joias e escolheu uma bela tiara cravejada com diamantes e pérolas que combinariam perfeitamente com seu traje. Ao lado da vasta cama, um par de sapatos graciosos, faziam adivinhar, a quem o visse, que a sua dona era possuidora de pequenos e delicados pés.

– Seu banho já está pronto, do jeito que a sinhá pediu – disse Benta.

– Então venha me ajudar.

Passaram para o quarto de banho; Inês, com a ajuda

da mucama, despiu-se, soltou os longos cabelos negros, que se espalharam em suas costas, como um manto aveludado, contrastando com a viçosa pele, muito alva.

Mergulhou na água e lá ficou sentindo o perfume das pétalas de rosas que se moviam lentamente, como pequeninos barcos deslizando sobre a tépida água.

Pensava nos convidados que receberia, nas notícias e nas novidades que as damas lhe trariam e assim ficou, por quase duas horas.

Aprimorou-se no vestir, prendeu os cabelos, colocando a tiara escolhida. O vestido lhe caíra de forma magnífica, os grandes olhos negros, sob grossas sobrancelhas e longos cílios, davam à sua face um toque magistral.

Estava ansiosa para mostrar à sua avó como estava bela e receber a sua aprovação.

A mãe de Inês morrera quando ela nascera e sua avó paterna, Dona Leopoldina, a criara com todo o amor e carinho. Era a única pessoa que tinha alguma influência sobre Inês. A sua vontade sempre era imposta a todos, mas a avó conseguia tocá-la no fundo de sua alma. Com sua extrema bondade, a aconselhava sempre, para que se tornasse uma pessoa melhor, mais cortês, mais compreensiva.

Quando fora pedida em casamento, disse a Pedro que só se casaria se a avó pudesse morar com eles, no que foi atendida prontamente, pois Dona Leopoldina era uma pessoa tão doce que transmitia a todos sua meiguice.

Inês foi ao encontro da boa velhinha, em seus aposentos.

– Vovó querida! Minha amada, meu coração – disse entrando no quarto da avó, daquele modo intempestivo, próprio de sua personalidade. Ao mesmo tempo que falava cobria a avó de beijos, abraçando-a fortemente.

– Calma, menina, assim tu me sufocas – disse a bondosa senhora em gargalhadas.

– Vim para receber a sua aprovação. Que tal?– deu uma volta e fez uma reverência.

– Linda, maravilhosa, aliás, querida, como sempre.

– Estou tão ansiosa, minha avó, quero fazer uma bela figura para meus convidados.

– Inês, precisas amadurecer um pouco. És muito sapeca. Esqueces que és casada?

– E daí, sou casada, mas não morri. Tenho direito de me divertir.

– Minha filha, me preocupo muito contigo, tenho medo de partir e deixar-te só. Existem valores importantes na vida, que tens que adquirir. A beleza, a juventude passam. Os verdadeiros tesouros os temos no coração: o amor às criaturas de Deus, sem distinção. Tu és uma menina tão boa para comigo, mas teu orgulho, tua prepotência com os mais humildes, vão te levar, algum dia, a encontrar a tristeza, o arrependimento e a dor.

– Nossa, vovó, a senhora me quer assustar?

– Não, não quero te assustar, mas sim, alertar-te. Sei que hoje tua cabecinha está apenas concentrada no tal sarau, mas depois que descansares, amanhã, vem ter comigo para conversarmos um pouco.

– Não será sermão, não é, avozinha? Senão não virei.

– Não será sermão, serão conselhos que quero que te lembres, mesmo quando eu não mais aqui estiver.

– Deixe de tristeza e de falar essas bobagens de partir, não estar mais aqui. Ai da senhora se me deixar um dia.

Inês estalou um sonoro beijo na face de Dona Leopoldina e saiu correndo, como se tudo que ouviu nada adiantara.

Foi ao encontro do marido, que lia o Jornal do Commércio para saber as últimas notícias da produção cafeeira; estava preocupado com a crise que poderia vir a atrapalhar seus negócios. Encontrava-se comodamente sentado em sua poltrona, saboreando o fumo de um cachimbo de onde uma tênue fumaça escapava em espiral.

– Alô, Pedro! Então não vai se arrumar? Está quase na hora dos convidados chegarem.

– Inês, você sabe como detesto essas reuniões, não tenho vontade nenhuma de me arrumar. Estou cansado, trabalhei muito, gostaria de ficar um pouco a sós com você, para podermos conversar, pensar em termos um filho. Já não sou tão jovem, necessário se faz que tenhamos logo um herdeiro para a nossa imensa fortuna, um rapaz que possa tocar os negócios da família.

– Olhe, Pedro, se não quiser vir à festa, pode ir dormir, que é o que você sempre deseja. Está sempre cansado ou indisposto, ou não sei mais o quê. Tenho apenas dezoito anos, não irei pensar agora em filho, não quero estragar meu corpo e cuidar de criança chorona. Penso em me divertir, aproveitar a vida, o resto deve ficar para bem mais tarde.

– Como posso ir dormir deixando-a só, entre os convidados? Nem comigo presente deixam de cortejá-la, imagine se eu não estiver por perto.

– Chega de ciúmes, Pedro, deixe-me viver à minha maneira. Você já sabia como eu era quando quis casar comigo, agora não reclame, que eu não aguento seus resmungos.

Inês deixou o pobre marido cabisbaixo e triste, e partiu para supervisionar os últimos detalhes, pois logo chegariam seus convidados.

XI - O SARAU

Tudo pronto para o sarau. A dona da casa, esplendorosa, muito mais do que imaginara ficar.

Supervisionou, pela última vez, a arrumação das mesas, a limpeza dos cristais, porcelanas e talheres de prata. Tudo perfeito, sem nenhum senão.

– Benta, veja com Sebastião se chegaram os músicos e venha me avisar em seguida.

Benta saiu apressada, aliás como sempre, quando se tratava de uma ordem da Marquesa.

– Sebastião, a sinhá quer saber se os músicos já chegaram.

– Sim, Benta – respondeu o mordomo, com roupa de gala e uma peruca com rolinhos na lateral da cabeça, mais um rabicho atado com um laço de fita preta.– Já chegaram os violinistas. Pode assegurar à senhora que tudo está correndo perfeitamente.

– Que assim seja, Sebastião, senão você já sabe o que acontecerá.

Entre os escravos havia um grande temor de desagradar a Marquesa, pois esta fazia um escândalo e mandava, sem dó, para o tronco, quem a contrariasse.

Benta retornou com as informações que a Marquesa solicitara.

Às 19:30 horas, começaram a chegar as carruagens, trazendo a nata dos fidalgos do local.

As mulheres, com vestidos lindíssimos, enfeitadas com muitas joias, trazendo todas, sem exceção, seus leques para espantar um pouco o calor que fazia.

Foram entrando no salão principal, acompanhadas com seus maridos.

Inês fazia questão de só adentrar quando houvessem chegado todos os convidados. Julgava, assim, causar um grande impacto, desfilando a sua beleza.

Assim aconteceu; quando foi informada de que todos haviam chegado, entrou no salão aplaudida pelos homens e invejada pelas mulheres. Todos os olhares fixavam-se nela e seu porte ficou ainda mais altivo. Cumprimentando um a um, foi sentar-se no lugar principal do salão, reservado para ela. O marido vinha atrás, como se fosse uma personagem sem brilho, entristecido, mostrando uma ruga de preocupação vincando-lhe a testa.

– Senhores, estamos recebendo hoje, o quarteto de violinos mais importante em todo o império – disse a Marquesa Inês, indicando, com a pequena mão, quatro senhores, vestidos de preto, cada um portando o seu instrumento. – Pedi a eles que nesta noite nos contemplem com algumas composições de Mozart e, posteriormente, o Barão Vicente de Montmór irá nos contar um pouco sobre a vida desse maravilhoso músico, Amadeus Mozart. Por favor, senhores violinistas, queiram nos presentear com a seleção que prepararam para os nossos convidados.

Os músicos começaram a tocar as emocionantes sonatas e sinfonias magistrais compostas por Mozart, que foram uma a uma desfilando a beleza melódica daquelas cordas tangidas com maestria e talento.

Os sons dos violinos encheram o salão e os convidados, deleitados, mal respiravam, para não quebrar o encanto .

Após uma hora e meia, a Marquesa bateu palmas, dizendo:

– Faremos uma pausa para servirmos a ceia e depois ouviremos, como prometi, o Barão, que nos brindará com os seus conhecimentos sobre a vida de Amadeus.

O Barão de Montmór era um dos muitos admiradores da marquesa. Toda a vez que podia, a cortejava, fazendo investidas à jovem senhora, sem o menor pudor.

Sua irmã, Júlia de Montmór, era grande amiga de Inês e sua confidente.

Os convidados se deliciaram com as iguarias servidas; podiam escolher entre os melhores vinhos internacionais; para as senhoras, um ponche e vários sucos de frutas servidos nos jarros de prata de lei.

Os grupos entabulavam conversas diversas, cada um escolhendo o seu tema preferido.

O Marquês de Sá falava do café, de D. Pedro I, de uma possível crise econômica que se aproximava e que poderia mexer muito com os cafeicultores. Esse era um grupo de homens mais velhos, portanto, seus interesses eram a política e a economia do país.

Os mais jovens falavam de jogos carteados, de aventuras amorosas e da beleza das mulheres.

As senhoras mais velhas trocavam receitas culinárias e pontos de tricô e crochê.

As jovens, casadas e solteiras, tinham como preferência a intriga e os boatos.

– Minha querida Inês, tenho ótimas novidades para lhe contar. A última moda agora, é ter aulas de piano com o professor Antônio, o mais lindo cavalheiro que jamais vi. Está sendo chamado para tocar nos saraus e fazendo grande sucesso, não só pela excelente execução das melodias, mas principalmente por sua beleza indescritível. Todas as senhoritas casadoiras estão alvoroçadas, pois ainda por cima é solteiro – Júlia de Montmór terminou o seu informe com uma risadinha maliciosa.

– Hoje não podemos conversar com tranquilidade. Vou ter com você amanhã, para tomarmos chá e conversaremos melhor. Quero saber tudo sobre esse Apolo – Inês devolveu a Júlia o sorriso malicioso e, encaminhando-se para o centro do salão, dirigiu-se aos seus convidados:

– Muito bem, vamos pedir ao Barão que nos ilustre sobre o convidado principal de hoje, Amadeus Mozart.

– Com o maior prazer, Marquesa – disse o Barão, ao mesmo tempo em que osculava a mão da jovem senhora, por quem nutria uma antiga paixão.

O Marquês de Sá percebeu o olhar dengoso do Barão à sua mulher. Sentiu no coração uma agulhada, empalidecendo de tanto ciúme. Saiu rapidamente do salão, indo respirar ar puro para recompor-se. Era uma tortura para ele, ver a jovem esposa ter sua atenção disputada pelos cavalheiros, em todas as reuniões em que se fazia presente.

Sempre prometia, depois de cada briga, que iria mudar, pois Inês sempre ameaçava deixá-lo. Mas era maior do que qualquer promessa o ciúme que sentia.

O Barão de Montmór sentou-se, tendo à sua frente, em semicírculo, os demais convidados.

– Wolfgang Amadeus Mozart nasceu em 27 de janeiro de 1756, em Salzburgo, na Áustria e morreu em 5 de dezembro de 1791, em Viena. Filho de Leopold Mozart, que era violinista. Aos quatro anos, ouvindo a irmã que começava a estudar cravo, sentiu-se tomado de fascinação pelo instrumento. Desde então, começou a aprender música. Tempos depois estava dando concertos para imperadores, apesar de sua pouca idade. Desde que Mozart nasceu, até que foi enterrado em vala comum, quase anonimamente, em Viena, sua vida sempre foi complicada e sufocante, cercada pela mediocridade, não poucas vezes frustrada pela inveja dos que o rodearam e teve suas obras geniais sempre mal recompensadas financeiramente. Seu pai compreendeu o benefício que podia tirar desse pequeno prodígio, assim como de Nannert, sua irmã, cinco anos mais velha do que ele. Com os dois viajou para diversos países, fazendo grande sucesso. Aos doze anos compôs, em Viena, sua primeira ópera; em 1773 dá forma a seu primeiro Concerto para Piano e Orquestra.

Aos dezesseis anos já havia composto mais de 200 obras e ainda tinha tempo para o lado sentimental de sua vida. Apaixonou-se por Aloysia, loucamente, mas casou-se com a irmã dela, Constanze, em Viena (1782). Enquanto Mozart trabalhava com afinco na busca da perfeição, o casamento naufragava. Filhos mortos prematuramente, dívidas, desprezo e incompreensão para o músico e para o homem. O casal acaba vivendo da generosidade de uns poucos amigos. No ano de sua morte, Mozart estava prematuramente envelhecido. Deu vida ao compôr concertos, aperfeiçoou instrumentos e fugiu dos rígidos padrões clássicos da sua época, traduzindo a beleza e a emoção em música, que é perfeita.

Sua música parece renovar-se a cada geração, alimentando a alma dos afortunados que podem ouvi-la. A música de Mozart é um patrimônio da humanidade e mostra a que ponto de beleza pode chegar a criatividade do homem. Por esta razão é eterna.

O Barão concluiu sua narrativa. Todos estavam silenciosos, possivelmente pensando na triste história que ouviram sobre a vida de um grande gênio.

A Marquesa quebrou o encanto, levantando-se e aplaudindo, no que foi acompanhada por todos.

Ouviram um pouco mais de música, executada pelo quarteto de violinos, encerrando-se aquela reunião bela e proveitosa, já que todos saíram conhecendo mais, não só da música de Amadeus, como um breve resumo de sua vida.

– Querida, não esqueça que espero você amanhã, para o chá – disse Júlia, beijando a amiga.

– Com certeza, estarei lá. Mas por favor, prepare-me um relatório completo do jovem professor de piano – respondeu Inês dando uma gostosa risada.

Quando todos tinham se despedido, Pedro chegou junto à esposa, dizendo:

– Você está tão bela esta noite! – ameaçou estreitá-la nos braços, mas Inês esquivou-se, respondendo:

– Deixe-me, Pedro, estou muito cansada, vamos nos deitar.

Voltou as costas ao decepcionado marido, saindo apressada para seus aposentos.

XII - DONA LEOPOLDINA

No dia seguinte, Inês acordou bem tarde, cansada que ficara com as atividades do dia anterior.

Pediu seu desjejum no quarto e, olhando pela janela o belo dia que fazia, com o céu muito azul, escutou o gorjeio dos passarinhos em sinfonia, que brincavam entre as árvores e flores do jardim, como se a beleza da natureza louvasse o Senhor do Universo, começou a pensar nos compromissos que logo mais teria que cumprir.

– Tenho que ver a vovó, antes de qualquer coisa, para depois ficar livre e ir ter com Júlia.

Levantou-se, vestiu um charmoso vestido branco com muitas rendas. Deixou que os cabelos caíssem em cachos, atados por um laço branco de cetim.

– Benta, Benta! – chamou em tom alterado, indicando impaciência. A mucama apareceu tão rápido que parecia estar atrás da porta – Vá ver se vovó está ocupada ou se pode me receber agora.

– Tô indo, Sinhá! – respondeu Benta, chispando como uma flecha.

Bateu com os nós dos dedos na porta de Dona Leopoldina, que de dentro respondeu:

– Entre, a porta está destrancada.

– Dona Leopoldina, a Sinhá quer saber se a senhora pode atendê-la agora.

– Claro, menina, diga a ela que venha que a estou esperando.

Benta voltou no mesmo pé em que viera, levando a resposta a Inês.

A Marquesa tirou do vaso que estava na mesinha de canto uma linda rosa branca e foi ao encontro da bondosa anciã.

Dona Leopoldina era nascida em Portugal e acompanhara o marido ao Brasil, para conquistar fortuna. Juntaram o que podiam na terra lusitana, vendendo pequenas propriedades, resolvendo aventurar-se no Novo Mundo.

No Brasil, Abel, seu marido, começou como mascate, um vendedor ambulante, que vendia em prestações e entregava as mercadorias no domicílio. Pela sua esperteza, negociando de porta em porta todos os tipos de mercadoria, foi acumulando fortuna.

As mercadorias chegavam no porto e o mascate espalhava a carga dos navios pelas trilhas do interior. Os mascates foram os pioneiros que se antecederam ao trem e à rodovia, levando as primeiras tintas da civilização ao interior agreste.

A fortuna de Abel foi duplicando, triplicando até ficarem extremamente ricos. Quando a estabilidade bateu à porta do casal, resolveram que estava na hora de ter um filho. E assim se fez; nasceu um robusto menino que, ao tornar-se moço, deu continuidade aos negócios dos pais. Este veio a casar-se, mas a esposa, ao dar à luz a Inês, faleceu no parto.

Desgostoso, o rapaz partiu para a Europa, deixando a criança aos cuidados dos avós.

Cresceu assim, a jovem, ao lado da avó, mãe e amiga, que se tornara Dona Leopoldina, em sua vida.

Abel, avô de Inês, agora muito rico, privava da amizade de muitos fidalgos.

Quando Pedro vira Inês pela primeira vez, apaixonou-se perdidamente e tudo fez para que seu pai acertasse o casamento com o velho Abel.

Assim, como já citado anteriormente, aconteceu o casamento de interesses.

Abel voltou a Portugal e Dona Leopoldina aceitou ficar com Inês, após o seu casamento.

– Oi, vovó! Estou entrando – disse a jovem senhora.

– Entra, minha filha. Estou te esperando.

Inês foi ao encontro de Dona Leopoldina, colocando nos cabelos de sua avó a rosa que colhera, cobrindo-a de beijos.

– Como foi o sarau de ontem? Correu tudo bem?

– Foi maravilhoso, vovó, a música de Mozart é estupenda e o Barão de Montmór demonstrou os seus conhecimentos contando-nos um pouco da vida de Amadeus.

– Por certo, querida, Mozart e Bach foram espíritos iluminados que, com seus dons musicais, deixaram um legado incalculável para a humanidade.

– Então, avozinha, queria falar comigo? Alguma coisa especial?

– Inês, não sei quanto tempo me resta de vida, mas não quero partir sem estar segura de que tu guardarás todos os ensinamentos que te dei.

– Claro, meu amor – respondeu Inês abraçando a avó com ternura. – A senhora sabe que é meu anjo da guarda, que minha vida não é nada sem o seu amor e seu carinho.

– Acredito, minha neta, que tu realmente me amas,

mas não é disso que se trata. O que quero ter, é a certeza de que colocarás em prática, em tua vida, os ensinamentos de Jesus. Que sempre lerás os Evangelhos para que tua alma seja abençoada e iluminada. E que principalmente, agirás com amor ao próximo, com caridade e humildade.

– Eu sei, vovó, que não sou humilde, que tenho orgulho que deve ser dominado e que, às vezes, sou um pouco egoísta. Mas é do meu temperamento, não faço por mal.

– Querida, o temperamento que nos encaminha para o mal deve ser dominado na prática do orar e vigiar. Já que sabes dos teus defeitos, começa a corrigi-los enquanto há tempo. A felicidade, Inês, não está do lado de fora e sim dentro de cada um de nós. Os valores materiais, não levaremos quando da nossa passagem para o Plano Espiritual e sim o que construímos no bem para nós e para o nosso próximo, sem distinção de cor, religião ou posição social. Tens que te conhecer, procurando teus sentimentos mais profundos em teu coração. O grande filósofo grego, Sócrates, disse: *"conhece-te a ti mesmo"* e Platão, seu mais verdadeiro discípulo, completou a máxima: *"quem conhece a si mesmo não tem medo, não alimenta raiva, não perde tempo em revides aos ofensores, não costuma mentir, não faz coleções de preocupações passageiras, não acaricia o ódio, não se enerva por simples notícias e não fala mal da vida alheia...Para tudo e todos tem o mesmo estar, tem o mesmo amor"*.

– Oh! vovó, a senhora é tão sábia, queria eu ter todos os seus conhecimentos – falou Inês comovida.

– É fácil, meu bem, todos os dias temos que fazer a nossa auto análise, procurar pelos nossos defeitos e nos dedicarmos à nossa reforma íntima.

– Não é fácil não, vovó, às vezes eu luto contra as minhas imperfeições, faço um esforço para melhorar, mas quando menos espero, lá estou eu repetindo os mesmos erros. Tenho medo de passar por esta vida sem corrigir minhas falhas.

– Inês, o temor é próprio da inferioridade, e é por essas e outras falhas humanas que o Cristo nos ensina a exercitar a fé, a confiança em Deus e a nos apoderarmos de toda a certeza de que Ele é todo amor e Sabedoria. Confia em Deus e terás sempre a companhia dos benfeitores espirituais te guardando e te protegendo. Faze a tua parte, plantando o amor, sobretudo, e garanto-te que a colheita será de plena felicidade.

Inês aconchegou-se no regaço da avó, que lhe acariciou os fartos cabelos; seus olhos estavam marejados por lágrimas, prestes a transbordar. Sabia, no fundo de sua alma, que Dona Leopoldina estava repleta de razão. Reconhecia seus defeitos, até se esforçava, às vezes, para corrigi-los, mas a pouca idade levava-a à inconsequência, esquecendo, rapidamente, todos os ensinamentos que a avó lhe dava desde que se conhecia por gente.

Dona Leopoldina, por seu lado, também preocupada com o futuro da jovem, não poupava esforços para plantar naquela alma os caminhos da felicidade, que só se consegue na prática do amor ilimitado.

– Vovó, preciso ir, tenho um compromisso com Júlia.

– Inês, as amizades também são muito importantes na influência que exercem em nossos espíritos. Júlia é uma boa menina, mas um pouco avoada, tens que te relacionar com pessoas que possam te acrescentar como ser humano.

– Mas Júlia é minha melhor amiga, desde que éramos crianças. Não posso evitá-la, eu a quero muito bem.

Está bem, Inês, vá e que tenhas juízo, que a vovó ficará aqui orando por ti.

Inês beijou a avó e saiu, não tão alegre como era de seu costume, mas pensando em todas as recomendações de Dona Leopoldina.

A senhora, de cabelos alvos e olhar sereno, ajoelhou-se e suplicou a Deus:

– Senhor meu Deus, que fez o dia e a noite, o Sol e a luz, as estrelas e o infinito, Inteligência Suprema que criou a harmonia das coisas, que deu penas aos pássaros e o mundo das águas aos peixes, que faz crescer as ervas para o alimento dos animais, e que nos deu por misericórdia o ar, que sobremodo, é vida para toda a Sua Criação. Jesus Cristo, Jardineiro da Natureza, que ampara a criança e o velho, o santo e o sábio, os mendigos e os ladrões. Eu te rogo, Senhor, de joelhos diante de Ti, protege a minha menina Inês, que é a luz da minha vida, que tem muita bondade em seu coração, mas que ainda não acordou para a verdade pura da vida, que é o cultivo do amor em todas as nossas atitudes. Não a deixe perder sua alma no egoísmo, na vaidade, e principalmente no orgulho, esta chaga que destrói a tudo e a todos. Tenho a certeza, Senhor, de poder contar com os benfeitores que nos assistem e protegem e rogo que assim seja na vida de minha neta.

Sobre aquela anciã ali ajoelhada, desceu um facho de luz azulada, caindo sobre ela pequenas pétalas brilhantes, como uma chuva de energia que encheu seu coração de esperança, na certeza de que seu pedido seria atendido.

Todas as preces dirigidas a Deus e a Jesus, a nosso favor ou por outrem, sempre surtirão efeito, pois Jesus nos ensinou a pedir para obter, e a bater para ser atendido, mas o livre-arbítrio de cada um será sempre respeitado.

Recebemos a ajuda em forma de intuição ou de palavras que nos chegam de mensageiros que nos querem bem e são colocados em nosso caminho, porém caberá a cada um de nós a decisão final.

XIII - JÚLIA

Júlia de Montmór era um pouco mais jovem do que Inês. Uma boa menina, como dissera Dona Leopoldina, mas a exemplo da amiga, era volúvel, com a cabeça no mundo da lua, cheia de sonhos e devaneios. Amigas desde a infância, trocavam confidências contando uma à outra tudo o que se passava em suas vidas.

Júlia estava esperando Inês ansiosamente. Deixou ordem aos criados para que, assim que apontasse a carruagem da Marquesa, viessem avisá-la.

– Sinhazinha, – disse a mucama – a senhora Marquesa está chegando.

– Ótimo! – exclamou, saindo apressada ao encontro da companheira.

Desceu as escadarias do palacete dos Montmór e foi direto ao jardim no exato momento em que o boleeiro ajudava Inês a descer do coche.

– Querida! Que bom que veio! – Júlia estreitou Inês em seus braços, mostrando todo o seu carinho para com a amiga.

– Claro que vim. Apesar do cansaço que ainda estou sentindo desde ontem. Você gostou do sarau?

– Meu bem, estava magnífico, adorei as músicas. Meu irmão nos presenteou com um pequeno resumo da vida de Mozart que, apesar de breve, deu para os presentes terem uma ideia da interessante biografia desse grande compositor. Alguns de seus convidados nos procuraram, quando se despediram, para cumprimentar Vicente, dizendo-nos o quanto ficaram emocionados.

– Fiz questão de pedir a Vicente que mostrasse seus conhecimentos. Tenho grande admiração por ele, pois reúne muita cultura e sempre nos agracia com algo que desconhecemos. Acho que ele deveria casar, pois seria um ótimo pai de família.

– Não se faça de ingênua – falou Júlia, com um tom carinhoso. – Você sabe muito bem por que não se casou. Será um eterno apaixonado por você. Desde que éramos crianças, que a idolatra. Quando soube que ia casar, sofreu muito, ficando, por vários meses, sem se alimentar direito, mal conversando conosco. Demorou a recuperar-se.

– Pois é, Júlia, eu sempre pensei que o que ele nutria por mim, era um amor fraternal. Nunca se declarou, nem sequer deu sinal de ter outro sentimento por mim, que não fosse amizade. Quando soube, depois que casei, do estado em que ficou, é que vim a descobrir o que se passava em seu coração. Por esta razão, Pedro detesta Vicente, tem tanto ciúme dele que me inferniza a vida. Tenho que lhe mentir para poder vir vê-la, pois acha que venho aqui por causa de seu irmão.

– Eu sei disso, minha amiga, todos percebem o que se passa com seu marido. Vicente finge ignorar, para não chegar a ponto de ser proibido de vê-la. Disse a mim, outro dia, que sente vontade, às vezes, de desafiá-lo para um duelo e que não o faz somente por você.

– Queira Deus que ele sempre pense assim. Não teria mais paz em minha consciência se algo acontecesse a um dos dois. Apesar de não amar meu marido, tenho muito carinho por ele. Ama-me demais e faz todas as minhas vontades. Vovó é que se preocupa muito, diz que eu o provoco e que qualquer dia irei me arrepender muito.

– Adorável Dona Leopoldina, quero-a muito bem, apesar de saber que ela tem alguma restrição à nossa amizade.

– Não é bem assim, Júlia. Ela pensa que você é muito jovem e que eu não me lembro de que sou casada. Assim, nós duas juntas, no ponto de vista dela, só fazemos leviandades.

– Mas vamos mudar de assunto, quero que venha até meu quarto porque quero prepará-la para uma grande surpresa.

– Vê? Já vem você com suas surpresas, é por isso que vovó implica – ambas riram, encaminhando-se para os aposentos de Júlia.

– Diga-me logo, Júlia, qual é a surpresa? Comprou novas joias? Arrumou um novo namorado?

– Nada disso. Lembra que lhe falei do professor de piano? Vicente o convidou para vir tomar chá conosco, hoje. Vou falar um pouco dele a você e depois irá conhecê-lo pessoalmente.

– Isso é o que eu chamo surpresa! – disse Inês admirada. – Venho ouvi-la falar dele e você vai logo apresentar-me. Oh! menina danada.

– O professor Antônio é um homem tão lindo que chego a perder o fôlego quando ele me olha. Tem os cabelos de um dourado escuro e grandes olhos violeta, da cor do céu quando está a entardecer. Quando os seus olhos fitam os meus, sinto-me desfalecer. Minhas pernas tremem e a fala me falta; pareço uma perfeita idiota – completou Júlia com ar desolado.

– Conheço seus exageros, acha todos lindos, apaixona-se como eu troco de blusa. Só vendo para que eu creia em tudo isso.

– Inês, as moças estão enlouquecidas por ele. Até as parvas, que nada entendem de música, querem tomar aulas de piano para estar a seu lado. Ele tem um perfume másculo que deixa as mulheres alucinadas.

Foram interrompidas com leves pancadas à porta.

– Entre – disse Júlia.

– Sinhazinha, seu irmão, o Barão, manda chamá-la, pois o outro convidado já chegou. Pediu para os encontrar na biblioteca.

– Vamos lá, conhecer essa última maravilha do mundo – disse Inês, enlaçando o braço da amiga, trazendo no rosto um pequeno sorriso desconfiado.

Ambas dirigiram-se à biblioteca, com passos apressados, na grande expectativa do aguardado encontro.

Júlia bateu à porta, colocando apenas a cabeça para dentro do ambiente, dizendo:

– Podemos entrar?

– Venha, mana, traga Inês para conhecer o nosso caro Antônio.

Foi um choque. Inês, ao contemplar o rosto do rapaz que estava à sua frente, sentiu uma sensação que jamais tivera em sua vida. Seu coração, depois de alguns saltos extremos, aquietou-se como se houvesse parado. Sentiu faltar-lhe o ar. Aquele era o homem com quem sua alma sempre sonhara.

– Antônio, a senhora Marquesa Inês de Sá – apresentou Vicente.

– Encantado, Marquesa – disse Antônio, beijando

a mão que ela lhe estendera muito trêmula. – Uma moça tão jovem e já casada?

– Pois é, Antônio – interrompeu Vicente. – Escapou-me e quando quis reagir já estava casada, partindo-me o coração.

– Não graceje, Vicente, o senhor Antônio poderá levar a mal a sua brincadeira.

Todos riram indo, em seguida, sentar-se nas poltronas dispostas em frente à lareira, naquela biblioteca espetacular, que tinha forradas as quatro paredes por prateleiras de madeira de lei, que iam do solo ao teto, absolutamente tomadas por inúmeros volumes, entre os quais, verdadeiras raridades que o Barão Vicente colecionava, ampliando cada vez mais sua intensa cultura.

– Senhora Marquesa, disse-me o Barão que a senhora gosta muito de música, que brindou ontem seus convidados com lindas composições de Mozart. A senhora toca algum instrumento?

– Antes de me casar, tocava piano, o que abandonei há um certo tempo. Mas com certeza, gostaria de retomar e se o senhor puder auxiliar-me neste intento, ficaria muito honrada. Tenho escutado maravilhas sobre os seus pendores, poderia ser a pessoa indicada para me ajudar a completar meus estudos musicais.

– Terei muito prazer em auxiliá-la, Marquesa. Quando queira, é só marcarmos.

Júlia assistia à conversa dos dois, um pouco enciumada. Inês, extremamente bela, conquistava a todos e sentiu um pequeno perigo no ar.

– No meio da semana que vem, se o senhor me der o privilégio, gostaria de recebê-lo em minha casa. Quero que veja como está meu piano, acredito que precisará de uma boa afinação. Pelas quinze horas da quarta, será perfeito para mim.

– Estarei lá, sem qualquer atraso.

O chá foi servido e os quatro ficaram conversando sobre diversos assuntos. Inês mal ouvia o que falavam, não conseguia tirar os olhos daquela face que a encantara. Antônio dava a mesma atenção a todos. Júlia tentava flertar com o rapaz, que não entendia ou fazia que não entendia.

Quando Júlia foi acompanhar Inês à porta, perguntou-lhe um tanto séria:

– Então, que achou do professor? Não é tudo o que falei?

– Na realidade, é muito bonito e inteligente – Inês respondeu e, pela primeira vez em sua vida, escondeu da dileta amiga a sua verdadeira impressão. Tinha ficado tão deslumbrada que teve vergonha de se revelar à amiga, sabendo do interesse dela por Antônio.

Mas no fundo de seu coração, não via a hora de chegar o dia de reencontrá-lo.

XIV - O PROFESSOR

No dia marcado para a visita do professor Antônio, Inês, que mal conseguira dormir na noite anterior, levantou-se muito cedo.

Não sabia bem o que fazer, estava com uma sensação na qual o medo misturava-se com a ansiedade, provocando, em seu organismo, uma disfunção que a incomodava, não sabendo identificar o que estava se passando com ela. As mãos tremiam, nada conseguia segurar que não derrubasse, esse mesmo tremor lhe percorria o corpo, deixando-lhe uma insegurança que jamais sentira.

Inês, acostumada a estar sempre no controle da situação, pela primeira vez não confiava em si mesma.

Pensava sobre o que conversaria com o professor; será que saberia se expressar com inteligência? Será que ele não a consideraria tola, uma criança?

Tomou um longo banho perfumado com sais franceses, lavou os cabelos e preparou a mais linda roupa que pôde escolher.

A mucama ficou por horas preparando o seu penteado. Os cabelos brilhantes e cheirosos foram presos no alto da cabeça, caindo os cachos negros, como uma cascata, até a altura de seus ombros.

Na hora do almoço, Pedro notou que algo de errado estava se passando com Inês.

Mal tocara na comida, estava muito quieta e pensativa.

Inês, meu amor, o que você tem? Sinto-a distante, preocupada.

– Não é nada, Pedro, acordei indisposta e estou sem nenhum apetite. Você irá ao escritório depois do almoço?

– Sim, devo receber alguns senhores para negociar a próxima safra de café. Acredito que possa demorar e me atrasar para o jantar.

Pedro terminou o almoço, foi até a esposa, deu-lhe um beijo nos cabelos, dizendo:

– Querida, aproveite para descansar à tarde. Fico preocupado em deixá-la indisposta.

– Não se preocupe, Pedro, logo estarei melhor.

Inês perguntara ao marido se iria ao escritório, para saber se estaria livre na parte da tarde. Sentiu um alívio e, ao mesmo tempo, um pequeno remorso que a avisava de que suas intenções não eram muito corretas. Desviou logo o pensamento e nada contou ao marido sobre a visita que receberia logo mais.

No horário marcado, sem nenhum minuto de atraso, chegou Antônio.

Benta, a pedido de Inês, o acomodou no salão de música.

Antônio viu o magnífico piano e atreveu-se a dedilhá-lo. Tinha um belíssimo som, mas como a Marquesa o prevenira, estava realmente muito desafinado.

Havia trazido sua maleta com os apetrechos necessários e se pôs a afinar o piano.

Quando Inês chegou, ficou a contemplá-lo. Concentrado no que estava fazendo, Antônio não percebeu a jovem senhora que estava parada à porta, com o olhar enternecido, admirando os lindos cabelos dourados do professor, que lhe caíam no rosto enquanto trabalhava na afinação.

– Boa tarde! Como está, professor? – disse Inês com um tom delicado na voz.

– Senhora Marquesa! – levantou-se, apressado, sentindo-se meio confuso por ter sido surpreendido na tarefa não autorizada. – Perdoe-me o atrevimento, mas quando vi seu belo piano, não resisti à tentação de tocá-lo e, como a senhora mesma já me havia alertado, percebi o quanto está desafinado e fui logo mexendo sem a sua autorização. – Antônio completou a frase indo beijar as mãos de Inês.

– Não se preocupe, professor Antônio, o piano, a casa e tudo o mais são seus. Esteja à vontade e faça o que achar necessário. Aliás, até lhe agradeço o empenho.

Foram sentar-se e Inês, meio encabulada, dirigiu-se a Antônio:

– Achou muito ruim o estado de meu piano?

– Na realidade, nem tanto, mais alguns ajustes e estará perfeito. É de ótima procedência. Sem dúvida, um belíssimo instrumento.

– Ganhei de meu avô, que mandou vir da Alemanha, quando ainda era menina. E nossas aulas, quando poderemos iniciar?

– Na próxima semana, se a senhora me permitir, virei um pouco mais cedo para terminar a afinação e assim estaremos prontos, o piano e eu, para servi-la.

– Já que não vamos começar hoje, fale-me um pouco do senhor.

– A minha vida é muito simples, Marquesa. Nasci na Áustria. Meus pais eram muito pobres; trabalhavam na lavoura de sol a sol para poderem sustentar a família. Certo dia, passou por nosso vilarejo, um maestro que gostou muito de mim e convenceu meus pais de que eu teria melhores chances em minha vida futura, se eles permitissem que me educasse. A princípio minha mãe relutou em deixar-me ir, mas meu pai, mais prático, convenceu--a, mostrando-lhe as vantagens que eu teria com aquele senhor de aparência bondosa e honesta.

– Mulher, pense bem. Antônio terá a oportunidade de estudar, ser alguém, o que jamais conseguiria ao nosso lado. Não sejamos egoístas e deixemo-lo ir.

– Com essas palavras, meu pai selou meu novo destino. Lembro-me, ainda hoje, a impressão que minha mãe me deixou gravada na alma quando, com o rosto coberto de lágrimas, me estreitou ao peito dando-me sua bênção.

– Fui para Viena com meu tutor. Tinha vagas notícias de meus pais, mas jamais voltei a vê-los. Faleceram sem que nos encontrássemos mais.

– Professor, a sua história é um pouco triste – disse Inês comovida.

– A bem da verdade, fui muito feliz na Áustria, tive uma boa educação, recursos para me alimentar, vestir e, sobretudo, a minha cultura musical foi extremamente cuidada por meu tutor. Tornei-me músico e o acompanhava em suas apresentações. Éramos apenas os dois. Aquele bom homem não tinha família e se apegou muito a mim.

– Mas nunca quis casar? – Inês fez a pergunta um pouco receosa de o professor interpretá-la mal, achando-a um pouco atrevida.

Mas Antônio, sem perceber segundas intenções, respondeu:

– Sim, tive uma noiva por quem era muito apaixonado, mas quis o destino que ela me trocasse por outro. Já havia perdido meu tutor, que falecera de um ataque cardíaco que o levou inesperadamente. Como era bastante organizado, deixou todos os papéis em ordem, legando-me o imóvel onde morávamos e um pecúlio em dinheiro. Com sua partida, apeguei-me ainda mais à minha noiva, a única pessoa que me restara na vida. Quando tudo aconteceu, com ela terminando o nosso noivado, não tive coragem de esperar pelo seu casamento com outro. Aluguei a casa e vim para o Brasil, onde a aventura em uma nova terra poderia apagar a minha desilusão.

– Mas como fala tão bem a nossa língua?

– Procurei aprender em minha pátria, antes de partir, e o tempo foi levando o sotaque.

– De fato, em algumas palavras nota-se a pronúncia mais fechada, mas a sua adaptação à língua é excelente. Mas conte-me mais: como chegou? Como tornou-se professor?

– Sim, Marquesa. Cheguei a esta terra e me encantei

por ela. Apesar de minha Áustria ser muito bela, adorei o Brasil. A princípio hospedei-me em um hotel e aos poucos fui fazendo uma amizade aqui outra acolá. O pecúlio herdado e o aluguel do meu imóvel poderiam me sustentar por um tempo sem grandes apertos. Um dia, conheci alguns fidalgos que jogavam cartas no hotel, contei-lhes a minha vida, como aqui cheguei e também lhes falei de minha formação musical. Um cavalheiro, a quem devo o começo de minha profissão aqui, convidou-me a dar lições de música à irmã adolescente. E assim comecei. Esta mesma família ofereceu um sarau, onde várias senhoritas, amigas da dona da casa, se fizeram presentes. Acredito que gostaram do meu trabalho, já que fui convidado a tocar para os presentes. Assim, em uma sucessão, os convites foram aparecendo e comecei a ganhar a vida lecionando piano e tocando nas reuniões festivas, para as quais me contratam.

– E há quanto tempo está entre nós?

– Há cinco anos. Hoje vivo em uma casa na cidade. Comprei um piano, que será o meu eterno companheiro, onde, nas horas vagas, me dedico às composições.

– Maravilhoso, Antônio. Posso chamá-lo assim? – perguntou Inês, pegando, com as suas pequenas mãos, as mãos do rapaz.

– Com certeza, Marquesa, com todo o prazer.

Antônio respondeu educadamente e com delicadeza retirou a mão que Inês aprisionara entre as suas.

– Toma um chá, professor? Ou prefere um licor, talvez um refresco?

– Aceito o refresco, se não for abuso.

A Marquesa tocou um pequeno sino e a mucama atendeu imediatamente.

– Benta, traga-nos um refresco e alguns biscoitos.

A conversa continuou com outras amenidades, até que Antônio, tirando o seu relógio do bolso do colete, disse:

– Já se faz tarde, Marquesa, tenho de ir-me, mas se for de sua vontade, a semana que vem retornarei para, efetivamente, começarmos a sua orientação musical. Necessito saber até que ponto a senhora aprendeu.

– Se vou chamá-lo Antônio, por favor, chame-me Inês – disse com um olhar afetuoso.

O rapaz, na sua simplicidade, não atinou que a Marquesa estava tentando um flerte e respondeu embaraçado:

– Se não for inconveniente e for de sua vontade, está bem, Inês.

– Não se esqueça de trazer-me suas composições para que as toque para mim.

– Escolherei uma bela valsa para lembrar a minha Viena. Agora devo ir.

Inês acompanhou o professor até a porta principal e mandou que o cocheiro o levasse em sua carruagem.

Recolheu-se ao quarto, deitou-se de costas e, contemplando o teto, ficou a divagar. Tantas emoções sentira naquele dia, tão variadas e profundas, desde a sua preparação para receber Antônio, passando pela conversa, a qual rememorava palavra por palavra, até o momento da despedida em que o seu coração já se agitava de saudades.

– Senhor! O que está acontecendo comigo? Nunca ninguém me impressionou tanto! Gostaria de conversar com vovó, sobre tudo isso, mas temo que ela não me compreenda. Contudo, é a única palavra sensata na qual posso confiar, neste momento.

Passaram-se duas horas, em que ela ficara ali, na cama, meditando sobre sua vida, até se entregar a uma pequena sonolência.

Benta veio lhe informar que o marido chegara e a estava chamando para o jantar.

Levantou-se, ajeitou os cabelos, passou uma água no rosto e, com um pouco de remorso, foi ao encontro de Pedro. Procuraria conversar com ele com um pouco mais de animação do que o fizera no almoço, para que ele não desconfiasse onde seu pensamento estava a repousar.

Após o jantar, como prometera a si mesma, tratou o marido com cortesia e carinho, levando-o a acreditar que ela lhe daria mais atenção naquela noite. Quando Inês percebeu que Pedro estava se deixando envolver pelo clima afetuoso que ela mesmo provocara, deu lhe um rápido beijo na face, dizendo:

– Meu querido, devo me recolher agora. Passei quase o dia todo com uma forte dor de cabeça, preciso repousar. Amanhã falaremos mais. Boa noite.

Como sempre acontecia, Pedro, que não se acostumava com as escapadas da esposa, entristeceu-se, indo sentar-se na biblioteca. Acendeu o seu cachimbo e ficou pensando se fizera bem em casar com uma mulher tão mais jovem do que ele.

Inês, por sua vez, antes de se recolher, passou pelo quarto da avó.

– Com licença, avozinha?

– Entra, querida – respondeu Dona Leopoldina.

– Não a atrapalho, vovó?

– Estou a ler um pouquinho. Todas as noites, antes de deitar-me, gosto de ler o Evangelho e meditar nos ensinamentos de Jesus, nosso Irmão Maior. Deverias ter este mesmo hábito. Tenho a certeza que te faria muito bem.

– Qualquer noite passo aqui para acompanhá-la em sua leitura, assim poderei beber um pouco de sua sabedoria.

– Mas dize-me, Inês, qual o motivo da visita a esta hora, já que não vens nunca à noite?

– Eu sempre lhe digo, vovó, que a senhora deveria jantar conosco à mesa. Não sei por que insiste em jantar só, aqui em seu quarto.

– Minha menina, os casais devem jantar a sós. É um momento de intimidade quando um conta ao outro tudo o que se passou durante o dia. Por minha vez, gosto de tomar apenas um caldo, pois na minha idade não se deve jantar em demasia.

– Está bem, minha avó, seja feita a sua vontade. Mas respondendo à sua pergunta, o que me traz aqui é combinar com a senhora um momento, amanhã, para conversarmos. Preciso muito de seus conselhos.

Inês sentou-se no chão em frente à poltrona de Dona Leopoldina, colocando a cabeça sobre os joelhos dela.

Dona Leopoldina acariciou os cabelos da neta, adivinhando que ela estava precisando de seus conselhos.

– Não queres conversar agora?

– Não, vovó, quero deitar-me, meditar, arrumar minhas ideias, para lhe falar com lucidez.

– Posso adivinhar que fizeste alguma arte, pois não?

– Deixe para amanhã.

Inês levantou-se, estreitou a avó em um forte abraço, beijou-lhe o rosto e foi para seus aposentos com o coração apertado.

XV - O COMEÇO DA DOUTRINA

Façamos uma pausa na narrativa sobre o passado e voltemos à época contemporânea.

Vamos avançar um pouco no tempo e acharemos Pedro, agora com dezessete anos, quase dezoito, completando seus estudos escolares e avançando nos estudos espirituais.

Pedro revelou-se um excelente aluno, recuperando rapidamente o tempo perdido nas ruas.

Com o desenvolver da cultura geral, aflorou o espírito inteligente do jovem, absorvendo como uma esponja que absorve a água, tudo o que lhe ensinavam.

Junto a Paulo, seus dons espirituais desabrochavam, tal uma rosa que de botão vai se tornando uma magnífica flor perfumada, que exala o aroma de sua presença por todo o recinto onde se encontra.

Mestre Paulo se encantava com a avidez com que Pedro se debruçava nos livros. Como ele solicitara, o rapaz foi, em cada visita, levando os livros que o mestre selecionava para, no encontro seguinte, discutir as dúvidas de Pedro, que o bondoso senhor esclarecia com muita paciência.

Pedro chegou à casa de Paulo, naquela tarde, para prosseguirem com o estudo da Doutrina Espírita, o que faziam sempre que seus estudos permitiam. Já conhecia alguma coisa básica e aos poucos Paulo foi introduzindo novos conhecimentos. Achava o mestre que, quando estudamos devagar e com atenção, fixamos os conhecimentos mais profundamente.

Estava ansioso, pois tinha pressa de aprender "tudo", como se realmente pudesse acontecer em um estalar de dedos.

Japi, como sempre, veio encontrá-lo e, tal como fazia para Antônio, festejou a chegada do rapaz dando vários saltos e latidos. O jovem acariciou-lhe a cabeça e foi entrando, pois já se sentia muito à vontade, como se a casa fosse, também, sua.

– Que bom que você chegou, meu filho! – disse Paulo, indo ao encontro de Pedro, estendendo-lhe os braços para em seguida estreitá-lo em um forte abraço.

– Boa tarde, mestre! Como é bom abraçá-lo. Sinto

a sua maravilhosa energia visitar-me o coração, cada vez que o abraço.

– Querido Pedro, todos os seres humanos sentem necessidade de alegria e essa alegria somente pode partir da conjunção das almas. Quando abraçamos alguém com sinceridade e afeto, realmente há um intercâmbio energético que nos eleva, inundando-nos a alma de felicidade. Essa energia é uma das faces do amor.

– Achei muito bonito isso que o senhor falou e concordo que é mesmo um momento de muita felicidade quando nos abraçamos – disse Pedro comovido.

– Então, vamos ao nosso dever?

Paulo enlaçou Pedro e ambos encaminharam-se à mesa de estudos.

– Das leituras que lhe dei, tem alguma pela qual você queira começar?

– Li várias coisas e gostaria de ouvi-lo falar um pouco do começo do Espiritismo, de Kardec e suas obras.

– Desde há muito, Pedro, homens ilustres manifestam-se favoravelmente a respeito dos princípios espíritas, tais como: Sócrates, Platão, Pitágoras, Buda e tantos outros. As evocações dos Espíritos sempre existiram, tanto no Ocidente quanto no Oriente. Paulo de Tarso, em suas cartas, reconhecia a prática das manifestações espirituais.

Joana D'Arc foi uma grande médium, na Idade Média, recusando-se sempre a renegar as vozes espirituais. Os primeiros cristãos se reuniam para receber as instruções do Plano Superior e através das orientações recebidas foram propagando os ensinamentos de Jesus, a fim de fixar o Cristianismo no Planeta.

– E Kardec? Como resolveu codificar a Doutrina Espírita? – perguntou Pedro, muito interessado.

– Tudo começou em Hydesville, uma cidade do interior do Estado de Nova Iorque, no século XIX, precisamente em dezembro de 1847. Naquela época, a cidade era constituída por grupos de casas de madeira, quase todas muito humildes. John Fox, pertencente à igreja Metodista, alugou uma dessas casas para morar com a família, que se compunha, além da esposa, Margareth Fox, de mais três filhas: Kat, de onze anos, Margareth, de quatorze e Leah, que residia em Rochester, onde lecionava música.

No ano seguinte (1848) começaram os ruídos de arranhaduras, que se foram intensificando cada vez mais a ponto de a família Fox não ter mais sossego dentro de casa.

As meninas, diante de tanto barulho, ficavam tão alarmadas que não queriam mais dormir sozinhas. Após várias investigações nada conseguiram descobrir. Finalmente, na noite de 31 de março, houve uma saraivada de sons muito altos e continuados. Kat Fox desafiou a força invisível para que repetisse os estalos de seus dedos, no que foi imitada. Depois Kat dobrou os dedos sem fazer ruído e o arranhão respondia. Dessa forma, ficou constatado que aquela força estranha não só ouvia, como também via. Sua mãe teve então a ideia de fazer algumas perguntas, cujas respostas foram dadas por meio de pancadas. Perguntou: "Sois um ser humano?" Não houve resposta. "Sois um espírito? Se sois batei duas pancadas." Duas pancadas foram dadas pelo espírito.

– Inacreditável, mestre! Elas continuaram com a experiência? Conseguiram mais informações?

– Calma, Pedro, já vou lhe contar tudo – respondeu Paulo, sorrindo ao ver a expressão de Pedro, de olhos arregalados, mostrando muita ansiedade em saber o fim da narração.

– Um vizinho dos Fox, de nome Duesler, teve, pela primeira vez, a genial ideia de usar o alfabeto para obter respostas por meio de arranhões nas letras. Dessa forma, revelou-se que o Espírito chamava-se Charles B. Rosma, mascate assassinado havia cinco anos, pelo antigo inquilino daquela casa e que seu corpo se encontrava sepultado no porão.

– Minha nossa! Eu estaria morto de medo se fosse comigo – comentou o rapaz um pouco lívido.

– Não há do que ter medo, meu filho, os espíritos são criaturas tais como nós, apenas sem a veste da matéria, mas não serão nem piores e nem melhores do que foram quando encarnados, apenas por terem passado a um outro plano de vida.

– Com o tempo vou me acostumando. Mas, por favor, continue a história, que está muito interessante.

– Mais tarde, pelo depoimento de uma antiga empregada de Mr. e Mrs. Bell, os inquilinos anteriores que ocuparam a casa, soube-se que ali esteve um mascate, o qual passou a noite com as suas mercadorias. Os patrões mandaram Lucretia, a empregada, ir dormir em sua própria casa; a mulher contou que queria comprar umas coisas do mascate, mas no momento não tinha dinheiro. Ele prometeu então, voltar, o que nunca fez. A empregada ainda contou que por diversas vezes a patroa mostrava objetos que, dizia, havia comprado do mascate. Isso veio confirmar a história contada para os Fox. Cinquenta anos depois, em 1904, encontrou-se o esqueleto de um homem na parede da casa que fora ocupada pela família Fox.

– É de arrepiar! – comentou Pedro. – Mas, por favor, o que isso tem haver com Kardec?

– Após os acontecimentos de Hysdeville – continuou Paulo – tornou-se moda na França o que ficou conhecido como Mesas Girantes, que consistiam de mesas comuns, de madeira, de três pés, onde as pessoas sentavam-se ao redor para conversarem com os espíritos. Utilizando recursos de médiuns presentes, os espíritos, através de pancadas nas mesas, respondiam de forma inteligente às perguntas dos curiosos.

No ano de 1855, Kardec aceita um convite para assistir a uma sessão de mesas girantes. Interessou-se pelo fenômeno, passando a frequentar as casas de diversos médiuns, recebendo cadernos com anotações de mensagens recebidas, as quais passa a analisar. Com o material estudado por ele e mais as centenas de questões por ele formuladas às Entidades Superiores, teve condições de publicar a sua primeira obra, O Livro dos Espíritos, em 18 de abril de 1857. Essa data passou a ser considerada como a de Codificação do Espiritismo.

– Mestre, fale-me de Allan Kardec como homem. Como era? O que fazia antes de estudar os fenômenos espíritas?

– Na realidade, o seu nome verdadeiro era, Hippolyte Léon Denizard Rivail, nasceu em Lion, na França, em 3 de outubro de 1804. Estudou no Instituto do professor Pestalozzi; com 14 anos ensinava a seus colegas menos adiantados tudo o que aprendia. Foi mestre em Letras, em Ciências e um notável pedagogo. Conhecia várias línguas e publicou inúmeros livros didáticos. Decidiu adotar o pseudônimo de Allan Kardec, para que seu nome real não viesse a interferir na obra espírita, a qual começava a codificar e também em homenagem a uma existência que tivera nas Gálias, no primeiro século antes de Cristo, onde fora um sacerdote druida denominado Allan Kardec. Em 1858 funda a Revista Espírita, importante divulgadora da Doutrina; no mesmo ano funda a primeira sociedade espírita denominada Sociedade Parisiense de Estudos Espíritas; em 15 de janeiro de 1861, lança *O Livro dos Médiuns* e, em seguida, O *Evangelho Segundo o Espiritismo*, *O Céu e o Inferno* e *A Gênese*. Desencarnou em 31 de março de 1869.

– Maravilhoso! Quantas coisas eu aprendi hoje. Mas diga-me, qual, na sua opinião, é o livro mais importante das obras básicas?

– Todas, Pedro. O Espiritismo é formado pela trilogia Ciência, Filosofia e Religião. As obras básicas abrangem todos esses campos, completando-se entre si. É importante que todos os que queiram ser verdadeiros conhecedores dessa Doutrina Maravilhosa, estudem, por diversas vezes, as obras do mestre Kardec. Mas você não acha que por hoje já chega?

– Ah! Por mim ficaria aqui por dias e dias ouvindo-o falar – respondeu Pedro, com a sinceridade saltando-lhe dos olhos.

– Obrigado, meu filho! Tenha a certeza de que teremos muitas oportunidades de estudarmos em conjunto, mas hoje encerramos por aqui, porque você tem outros afazeres, como eu também.

Levantaram-se, mestre e aluno e seguiram abraçados, com a sensação grandiosa que enche as nossas almas quando bebemos o saber que nos engrandece e nos eleva.

Pedro já estava enturmado com um grupo para o qual Paulo o apresentara.

Junto com aqueles jovens, fazia visitas a asilos de velhos, orfanatos e hospitais.

Faziam campanha nas ruas, coletando roupas, remédios e alimentos. Depois levavam aos necessitados com muita alegria, que transmitiam através de músicas e brincadeiras a todos os quais visitavam.

A maioria do grupo, sendo um pouco mais velha, estava mais adiantada no conhecimento da doutrina espírita e alguns dos jovens já exerciam a sua mediunidade.

Quanto a Pedro, que pouco entendia das coisas espirituais, foi necessário um trabalho de base de Paulo para orientá-lo corretamente.

A grande maioria abraça a Doutrina pela dor, mas os que a recebem pelo amor, caminham com ela por toda a eternidade.

XVI - ÂNGELA

Pedro foi para casa meditando sobre as histórias que ouvira de Paulo.

Não se cansava de agradecer a Deus, por tudo o que estava acontecendo com ele desde o seu primeiro encontro com Duarte.

Chegou em casa e foi logo procurar Ana.

– Ana, Ana – chamou pela governanta – onde você está? Tenho muitas novidades para lhe contar.

– Quieto, menino, não precisa gritar tanto, porque não sou surda – disse Ana indo ao encontro de Pedro.

Pedro enlaçou a cintura da bondosa senhora, levantando-a do chão.

– Venha aqui, minha ranzinza – disse isso enquanto rodopiava com Ana nos braços.

– Pare, Pedro. Você vai me derrubar, seu menino levado.

Pedro colocou-a no chão, deu-lhe um beijo na testa e lhe disse:

– Ana, você não sabe como estou feliz com as aulas do mestre Paulo. Hoje falamos de surpreendentes revelações. Coisas das quais nunca ouvi falar, mas que, pressinto, já estavam em meu coração.

– Com certeza, meu filho. Nada é à toa ou coincidência. Tudo tem um significado. Você, provavelmente, teve em outras vidas contato com esses conhecimentos que estão adormecidos em sua memória, mas aos poucos, com as leituras e a ajuda de Paulo, irão aflorando em suas lembranças.

– Acredito mesmo que seja assim, porque é tanto o meu interesse, fico tão ansioso para saber sempre mais, que deve haver uma razão especial.

Nesse instante chegou Antônio Duarte.

– Oba! Que reunião é essa? Posso participar também?

– Claro que sim, padrinho. – Já há algum tempo Pedro chamava o Maestro de padrinho, pois assim o considerava – Fui hoje à casa do mestre Paulo e estava comentando com Ana como me faz bem o que ele me ensina.

– Eu não disse que ele lhe revelaria coisas que mudariam a sua visão da vida?

– É o que está acontecendo. Falou-me hoje de Kardec, das primeiras experiências espirituais que deram origem à Doutrina Espírita.

– Você ainda não viu nada, o que aprendeu é uma ínfima parcela do universo de conhecimentos que os estudos espiritualistas nos proporcionam.

– Bem, vou preparar um bolo para festejarmos os progressos de Pedro e assim que estiver pronto trago com um cafezinho – falou Ana com contentamento.

– Acho bom, pois estou com fome mesmo – respondeu o maestro. – Vamos, Pedro, à sala de música para conversarmos melhor sobre esse assunto.

Acomodaram-se nas poltronas e Pedro foi contando a Antônio tudo o que Paulo havia lhe ensinado.

– Eu estou gostando muito desse método de Paulo lhe ensinar primeiro a parte teórica, dando-lhe a base do conhecimento, para depois mostrar-lhe a parte prática, o contato direto com a mediunidade e o Plano Espiritual – comentou Duarte.

– O mestre prometeu que logo irá me levar a uma reunião de trabalho espiritual. Estou ansioso para que isso aconteça logo – disse Pedro.

– Paulo sabe a melhor hora, não queira antecipar nada. É muito melhor que compreenda em pouco mais dos fenômenos, através das leituras. Isso vai prepará-lo para uma boa iniciação prática.

– O que o senhor acha das histórias de fenômenos mediúnicos, tais como os acontecidos com as irmãs Fox?

– Foi necessário que a curiosidade fosse aguçada primeiro para que, chamando a atenção ao inusitado, os homens de ciência fossem em busca das pesquisas sérias que deram a credibilidade aos fenômenos que aconteciam e até hoje acontecem. Na atualidade não é preciso que se façam demonstrações de efeitos físicos, que é como chamam esses fenômenos, como materialização, barulhos, deslocamento de objetos, etc., porque as pessoas esclarecidas, através dos estudos de obras de homens idôneos, já aceitam a participação dos espíritos entre nós, encarnados. A comunicação estabelecida entre os dois mundos, o visível e o oculto, vai se ampliando à proporção que as faculdades mediúnicas se multiplicam e se aperfeiçoam. Fortalece laços de solidariedade que vinculam as duas humanidades e lhes permitem, por meio de constantes relações pela permuta de ideias, combinar força, orientá-las no sentido do mesmo objetivo, através do trabalho comum e integrado, adquirindo mais luz, mais elevação moral e, consequentemente, mais felicidade para a grande família da qual homens encarnados e desencarnados são membros. Mas conte-me, Pedro, como estão indo os estudos supletivos?

– Muito bem, logo farei os primeiros exames. As minhas notas são muito boas e os professores estão entusiasmados com o meu progresso.

– Tinha a certeza de que seria assim, meu filho.

Como lhe disse certa vez, sabia que você não me decepcionaria.

– Faço todo o possível para corresponder à sua confiança em mim, padrinho.

– E seus colegas? Conte-me um pouco.

– Fiz um excelente grupo de amizade. Tenho uma colega, Ângela, que estuda comigo e que me incentiva muito.

Antônio percebeu que nessa citação Pedro mostrou um certo brilho no olhar. Como era perspicaz, logo imaginou que havia, por parte de Pedro, algo mais do que o sentimento de coleguismo.

– E como é ela? – perguntou Duarte interessado.

– É uma menina muito graciosa, morena, de cabelos curtos, fala baixo, é muito delicada e gosta de conversar sobre as coisas espirituais, tanto quanto eu.

– Então convide-a para o próximo encontro com Paulo.

– Será que eu poderia, padrinho? Talvez o mestre não goste.

– Que bobagem, Paulo adora os jovens, principalmente os que se interessam por atividades saudáveis e gastam seu tempo em coisas úteis. Tenho a certeza de que sua amiga será muito bem recebida.

Pedro ficou tão animado que foi depressa telefonar para Ângela.

– Oi, Ângela! Tudo bem? – disse Paulo ao telefone, assim que reconheceu a voz da amiga. – Há muito tempo que queria convidá-la para conhecer meu mestre e o padrinho acaba de incentivar-me a levá-la até ele. Você topa?

– Que bom ouvi-lo, Pedro. Terei o maior prazer em acompanhá-lo, você sabe que me interesso muito pelas coisas espirituais. Quando escuto você falando com tanto entusiasmo de seu mestre, fico sempre com vontade de pedir-lhe para me levar algum dia para conhecê-lo. Portanto, pedido aceito. Quando iremos?

– Depois de amanhã, domingo. Agora queria combinar com você para estudarmos juntos, para o próximo exame. Gostaria de vir aqui em casa?

– Quando seria melhor para você? – perguntou Ângela.

– Amanhã, após as aulas, poderíamos vir juntos à minha casa. Você almoçaria conosco, aproveitando para conhecer meu padrinho e Ana.

– Mas não seria muito trabalho? – perguntou a jovem.

– Que nada, Ana adora visitas para almoçar ou

jantar, assim pode demonstrar os maravilhosos dotes culinários que possui.

– Está bem, ficamos combinados. Levarei o material que tenho pronto, para repassarmos tudo o que aprendemos até aqui e o que apresentar maior dificuldade faremos um estudo mais aprofundado.

– Perfeito, eu tenho a certeza de que, se estudarmos juntos, poderemos passar pelos exames com certa facilidade. Então, até amanhã, fique com Deus e um grande beijo.

– Obrigada, Pedro, o mesmo desejo a você.

Ângela desligou o telefone e ficou pensando naquele rapaz, que passara por tantas dificuldades, como havia contado a ela; mas que agarrou-se à primeira oportunidade que lhe foi oferecida e estava agora correspondendo a tudo o que aquele bom homem que o recebera estava lhe proporcionando.

Desde o primeiro dia em que o vira, sentira estar ali a sua alma gêmea.

Ângela era uma moça de muitos bons princípios. Nascera em uma família humilde e não conseguira cursar além do ensino básico. Começara a trabalhar muito cedo, para ajudar os pais. Ela nascera quando seus pais não eram mais tão jovens e fora filha única, recebendo todo o carinho e amor dos progenitores. Quando completou quatorze anos, foi procurar emprego, pois o pai se aposentara e já não tinha muita saúde, o mesmo acontecendo com sua mãe, que sofria de reumatismo crônico, que a impedira de continuar a costurar para fora, diminuindo assim a renda familiar.

Ângela tomara a decisão, mesmo à revelia dos pais, de trabalhar para aliviar o peso das despesas na pequena aposentadoria que o pai recebia.

Começou trabalhando como auxiliar de escritório em uma firma de publicidade. Como se empenhara muito, seu trabalho foi reconhecido e sua chefia proporcionou-lhe uma bolsa de estudos para que pudesse cursar o ensino fundamental e o ensino médio em curso supletivo.

Tinha um dom natural para o desenho e os chefes enxergaram nela um grande potencial.

Assim que ela completasse o ensino médio, iriam lhe dar uma bolsa para cursar uma faculdade de desenho e propaganda.

Nunca decepcionara os que acreditavam nela. Esforçou-se bastante; estudava até tarde, todas as noites e a recompensa vinha nas excelentes notas que tirava.

A bondade de seus pais, agora um pouco mais idosos, foi o exemplo que recebeu em toda a sua vida.

Diziam sempre a ela, que a verdadeira felicidade está dentro de nós e que quando conseguirmos encontrá--la, guardada em nossos corações, desfrutá-la-emos para sempre. Ensinaram também, que a caridade e o amor ao próximo devem ser o lema das nossas vidas. E que o respeito a Deus começa quando nos respeitamos a nós próprios.

Ângela, com todos esses ensinamentos e sua boa índole, tornou-se então, um exemplo de jovem, sadia no corpo e na mente.

A jovem sentia uma alegria intensa inundar-lhe a alma, pensando como seria passar um dia todo ao lado de Pedro.

A expectativa de conhecer-lhe o padrinho e a bondosa Ana, para os quais Pedro só tinha elogios, deixava-a ansiosa para a chegada do dia seguinte.

Ao deitar-se para dormir, fez a sua oração costumeira e pediu a Maria Santíssima que protegesse Pedro e que o fizesse sempre seu amigo.

XVII - O COMEÇO DO NAMORO

Na manhã seguinte, Pedro levantou-se, tomou o

banho costumeiro, mas cuidou da aparência com esmero. Colocou uma calça azul-marinho, uma camisa branca de mangas longas e um colete de lã azul mais claro, tricotado à mão por Ana. Arrematou colocando uma colônia italiana que havia ganho do maestro. Penteou os cabelos com cuidado e foi tomar o café da manhã com Antônio, que já o esperava.

– Bom dia, padrinho! Bom dia, Ana! – cumprimentou Pedro.

Ana, que colocava os pães na mesa, olhou para Pedro admirada, dizendo:

– Que elegância! E que cheiroso! Podemos saber aonde você vai?

– Vamos, Ana, deixe o rapaz. Ele hoje trará Ângela, sua amiga, para almoçar conosco, por certo deseja fazer boa impressão – disse o maestro.

– É isso mesmo – respondeu Pedro – e a senhora, madame, vai me prometer um almoço muito gostoso e uma sobremesa maravilhosa, pois vivo enaltecendo os seus dotes culinários para Ângela.

– Sei, espertinho, quando você quer me agradar vai logo dizendo que cozinho bem. Mas pode ficar sossegado, pois se depender do seu aroma maravilhoso e da minha comida, sua amiga ficará encantada.

Todos riram e Pedro sentou-se à mesa, servindo-se do leite e café fumegantes.

– Padrinho, me dá uma carona até a escola?

– Por certo, Pedro, não só lhe dou a carona, como também irei buscá-los.

– Que bom, chegaremos mais cedo e poderemos conversar um pouco, antes que Ana nos sirva o almoço.

Terminaram o desjejum e foram em busca do automóvel.

No caminho, Antônio foi especulando Pedro, com discrição:

– Então, sua amiga Ângela é, também, boa aluna?

– Muito boa, padrinho, tira a nota máxima em todas as disciplinas.

– Você a acha bonita?

– É linda e a sua beleza interior é maior ainda. Espelha nos olhos castanhos claros a bondade de seu coração. É uma filha exemplar. Muito amadurecida para a sua pouca idade.

– Pelo jeito você está bastante entusiasmado ou eu me engano?

– Não, padrinho, gosto muito de Ângela e hoje, se o senhor e Ana a aprovarem, irei pedir-lhe que seja minha namorada. Nunca me interessei por uma menina, mesmo quando morava na rua, onde várias viviam conosco, como me interesso por ela. Somos parecidos, com as devidas proporções, tivemos dificuldades a transpor, lutando com a necessidade. A diferença é que Ângela teve a felicidade de conviver com seus pais, o que eu não tive – comentou Pedro, deixando passar pelo olhar uma nuvem de tristeza.

– Mas nada é por acaso, meu filho. Veja como a Mão de Deus o tem guiado; nos encontramos, fizemos um laço de afeição, que reputo, inquebrantável; Paulo e Ana querem-no como a um filho. Viremos as páginas do passado, construamos no presente o melhor futuro. Se assim estiver determinado, você constituirá sua própria família, talvez com Ângela, terá seus filhos e, a felicidade que não teve quando criança, poderá proporcionar a eles.

Entretidos com a conversa, chegaram, sem perceber, à escola de Pedro. O rapaz pegou seus livros, deu um beijo na testa de Antônio, dizendo:

– Obrigado por tudo, mais uma vez. Sua palavra me conforta e anima. Até mais tarde. E saiu fechando a porta do carro.

Entrou no prédio com o olhar de quem busca alguém e lá estava ela.

Ângela estava sentada em um banco, lendo um livro, quando Pedro a viu.

– Alô, moça! – disse sorrindo, parando em frente a Ângela – então, está pronta para o nosso dia de hoje?

– Oi, Pedro, na realidade me preparei desde o momento em que você me convidou – deu um meigo sorriso, olhando Pedro nos olhos.

– Ana está encantada em recebê-la, prometeu fazer um almoço bem gostoso. O padrinho também, está muito interessado em conhecê-la.

– Tomara que eu não os decepcione – disse Ângela corando.

– Tenho a certeza de que vão adorá-la tanto quanto eu – Pedro disse isso pegando a mão da jovem, dando-lhe um suave aperto.

O coração da jovem saltou aos pulos dentro do peito. Era para ela o sonho do primeiro amor. Sempre soubera que alguém estava reservado para ela, por isso não havia, ainda, namorado ninguém.

Os dois, agora de mãos dadas, encaminharam-se para a sala de aulas.

Às doze horas, após o toque do sinal que decretava o fim das aulas do dia, saiu o casal, novamente de mãos dadas e já encontraram Antônio esperando por eles.

– Padrinho, quero lhe apresentar Ângela, a minha amiga.

– Como sempre, Pedro estava coberto de razão, quando me disse que você é muito linda.

Ângela, muito encabulada, apertou a mão do maestro, respondendo:

– Os dois são muito generosos comigo, não passo de uma pessoa comum.

– Não seja modesta, Ângela – disse Pedro, abrindo a porta do carro, ajudando-a a entrar.

Sentaram-se os três e Antônio perguntou:

– Você gosta de música, Ângela ?

– Muito, não sou ninguém sem a música. Pedro me disse que o senhor é maestro e que o está ensinando a tocar piano.

– Sim, querida, estou ensinando-o e com muito prazer. Pedro é um aluno muito aplicado. Gosta naturalmente da música, isso facilita muito, porque é necessária a prática diária e grande empenho para se tornar um bom pianista e isso ele tem de sobra.

– Estou ansiosa por ouvi-lo tocar. Você me promete, Pedro, que tocará algo para mim ainda hoje?

– Com o maior prazer, vou escolher uma linda música para lhe oferecer.

Assim, chegaram à casa com animação. Entraram indo ao encontro de Ana que, percebendo a sua chegada, veio encontrá-los à porta.

– Ângela, esta é Ana, a mãe que eu não tive. Ana, esta é Ângela o "docinho de coco" de nossa escola.

As duas se abraçaram, sentindo um mútuo prazer em se conhecerem.

– Venha, Ângela, vamos entrando, que a casa é sua.

Ana, assim dizendo, pegou no braço da moça e levou-a até a sala de música.

– Por favor, sente-se, vou trazer um refresco e uns petiscos para abrir o apetite.

Ângela olhou tudo encantada, quase tanto quanto Pedro, quando entrara naquele recinto pela primeira vez.

– Que belíssimo piano, maestro! Deve ter um som maravilhoso.

– Vamos, Pedro, brinde-nos com uma melodia em homenagem a Ângela.

– Ofereço-lhe, com todo o meu carinho, a "Sonata ao Luar", de Beethoven[1].

[1] *LUDWIG Van Beethoven – nasceu em 16.12.1770, em Bonn, Alemanha, morreu em 26.03.1827.*

Pedro levantou-se, dirigiu-se ao piano e tocou como nunca. Estava adiantado nos estudos de piano, que vinha fazendo desde a sua chegada, há quase dois anos e meio. Não deixou, desde a primeira aula, de estudar todos os dias por uma hora, no mínimo.

Ao terminar a linda melodia, Ângela levantou-se e o aplaudiu com entusiasmo.

– Que lindo, Pedro! Adorei, se soubesse que tocava tão bem, teria vindo antes para escutá-lo.

– Querida, foi sua presença que me inspirou.

Nesse instante, Ana entrou trazendo azeitonas, queijos, canapés e refresco para todos.

– Assim, Dona Ana, não conseguiremos almoçar – disse a jovem convidada.

– Que nada, a comida que Ana faz, ninguém deixa de comer – falou Pedro.

– Não repare, minha filha, esse menino sempre me bajula, dizendo que sou boa cozinheira, porque sabe que eu gosto. Quero pedir-lhe que me chame de Ana, apesar de eu ser velha, do mesmo jeito que Pedro me chama.

– A idade, minha amiga, é aquela que o espírito tem e não a cronológica. Por isso você será eternamente jovem – falou Antônio.

– Como você vê, Ângela, estou no meio de dois galanteadores. Prometo-lhes que a sobremesa será uma delícia, não precisam mais me agradar.

Todos riram e, enquanto saboreavam os petiscos, continuaram conversando.

– Sabe, Ângela, que Pedro logo fará dezoito anos? Como tem se saído muito bem nos estudos, estou com vontade de dar-lhe um carro.

– O que, padrinho, um carro? Não mereço.

– Claro que merece, faz tudo o que espero de você, com perfeição. Você sabe que é o filho que eu sempre quis ter. Compraremos o carro e não se fala mais nisso. Quero que vá com mais frequência à casa de Paulo e com o carro ficará mais fácil. Vamos matriculá-lo na autoescola e, assim que atingir a maioridade, poderá comprar um de seu gosto, desde que não seja muito possante, porque no começo não convém que você corra.

– A minha vida será sempre agradecer-lhe, padrinho – disse Pedro, com os olhos marejados.

– Pronto, o almoço está na mesa – chamou a governanta.

Foram à sala de refeições, onde Ana tinha colocado a mesa com esmero, digna de uma visita muito importante.

– Pedro, estão esperando mais alguém para almoçar? – perguntou Ângela.

– Não, você é a única convidada e a mais importante, para mim. Agora sente-se – disse o rapaz, puxando a cadeira para que a jovem se sentasse.

Como Pedro havia previsto, o almoço foi magnífico e a sobremesa mais soberba ainda.

Após o almoço, sentaram-se à beira da piscina, esperando pelo cafezinho que Ana fora providenciar.

– De fato, Ana superou a tudo o que se esperava. Não é só boa cozinheira, é estupenda – disse Ângela, que já começava a ficar mais à vontade.

– Tomaremos o café e vamos nos concentrar nos estudos. Não é, Ângela?

– Com tanta festa que estão me proporcionando, acabei até me esquecendo de que o nosso objetivo era estudar.

Foram, logo depois, para a biblioteca, onde espalharam os livros e algumas apostilas, começando um interrogando ao outro, sobre vários tópicos das matérias.

Chegaram à conclusão de que estavam bem preparados para os próximos exames finais.

Passaram quase a tarde toda sobre os livros, quando

foram interrompidos por Ana, que trazia um lanche para os dois.

– Não acredito que vai nos dar mais comida! – disse Ângela, colocando as mãos na cabeça.

– Já faz tempo que almoçamos e vocês estão gastando muita energia, estudando dessa maneira, e é preciso se alimentar direito – respondeu a especial criatura.

– Está certa, Ana – respondeu Pedro – por hoje chega, vamos guardar nossos livros e vamos lanchar.

– Ana retirou-se discretamente, deixando o casal sozinho.

– Ângela – disse Pedro, pegando na mão da moça – estou apaixonado por você. Você representa tudo o que eu quero em uma namorada. Sempre achei que namorar, só para namorar, seria uma perda de tempo. Esperei por você e tenho a certeza de que, se quiser, seremos muito felizes juntos. Quer ser minha namorada?

– Oh, Pedro! sou a pessoa mais feliz do mundo. Eu também o amo e esperei por você. Nunca tive um namorado, pois sabia que um dia eu o encontraria.

Pedro pegou docemente com ambas as mãos o rosto de Ângela, depositando sobre seus lábios um suave beijo.

– Eu só estava esperando apresentá-la a meu padrinho e a Ana, que me parece gostaram muito de você.

Eu também, os adorei, parece que sempre os conheci e são meus amigos há muito tempo.

– Então, minha querida, estamos comprometidos. Só falta eu levá-la ao mestre Paulo, para que conheça mais um de minha família. Amanhã mesmo irei buscá-la, em sua casa, para irmos visitá-lo. Você não imagina o ser especial que vai conhecer.

– Estarei esperando ansiosa, pois tenho várias perguntas para fazer ao seu mestre.

Acabaram o lanche e Pedro levou Ângela, agora a sua namorada, para a casa dela.

Antes passaram pela sala de música, para se despedirem de Antônio e Ana, que estavam conversando justamente sobre a boa impressão que Ângela havia causado aos dois.

– Minha querida Ana, muito obrigada por toda a sua atenção, adorei você, a comida e o lanche – disse Ângela, estreitando nos abraços a bondosa senhora.

– Venha sempre, minha menina, porque eu também gostei muito de você.

– Maestro, obrigada por ter-me acolhido tão bem.

– Padrinho, quero comunicar que, Ângela e eu, a partir de hoje, somos namorados.

– Que ótima notícia, meus filhos. Que Deus os abençoe para sempre.

Abraçou ambos os jovens, ao mesmo tempo osculando-lhes as faces.

XVIII - A VISITA A PAULO

No dia seguinte, Pedro foi buscar Ângela, como lhe prometera, para irem visitar Paulo.

O rapaz tocou a campainha da casa, sendo atendido pela mãe da moça.

– Boa tarde, eu sou Pedro, vim buscar a Ângela.

– Entre, meu rapaz – disse Helena.

– Como vai a senhora? É a mãe de Ângela?

– Sim, meu nome é Helena, muito prazer em conhecê-lo – respondeu, estendendo a mão ao jovem.

Dona Helena fez Pedro entrar em uma humilde sala onde encontrava-se sentado um senhor com a feição doentia e aspecto alquebrado.

– Francisco, este é Pedro, amigo de nossa filha.

– Como vai, Pedro? Já o conheço de nome – tentou levantar-se com dificuldade, o que foi impedido pelo jovem.

– Não, por favor, não se levante – Pedro segurou Francisco pelo braço, ajudando-o a sentar-se novamente.

– Eu também, senhor Francisco, já o conheço, pois Ângela sempre me fala, com o maior carinho, do senhor e de sua esposa.

– Ângela, como o próprio nome sugere, é um anjo. A melhor filha que Deus poderia nos dar.

Nesse instante, Ângela entrou na sala, ouvindo o que o seu pai falara.

– Papai, por favor, fica feio o senhor ficar me elogiando – disse isso passando a mão nos alvos cabelos do progenitor.

– Não acho que fica, – respondeu Pedro – porque estou inteiramente de acordo com o seu pai.

– Então, temos todos a mesma opinião. Você aceita um cafezinho? – perguntou Helena.

– Só se for bem rápido, pois eu e sua filha vamos nos encontrar com o mestre Paulo, que nos espera.

– Em um minuto estará pronto. Venha, minha filha, ajudar-me com as xícaras.

Pedro e Francisco ficaram a sós e este aproveitou a saída da filha para falar a Pedro.

– Ângela me contou que vocês estão compromissados. Quero que saiba, meu rapaz, que tanto eu como Helena, estamos muito satisfeitos com isso. Minha filha é um amor de criatura, sempre pensou mais em nós do que nela mesma. Esforçou-se por encontrar um emprego, prejudicando os seus estudos. Mas como Deus sempre recompensa os bons de coração, agora ela está colhendo tudo o que plantou. Pôde voltar a estudar com a ajuda de seus superiores e encontrou você, que pelo que ela nos contou, é um rapaz muito bom. Não tenho esperança de viver muito tempo. Quero que minha filha fique bem encaminhada. Ela é o meu único tesouro – Francisco abaixou a cabeça para que Pedro não o visse chorando.

– O senhor não se preocupe, tudo o que estiver ao meu alcance, para fazer Ângela feliz, esteja certo, eu o farei.

– Não quero que fique mal impressionado comigo, por eu estar lhe falando assim, logo no momento em que estamos nos conhecendo. É que realmente sei, que muito breve, devo partir.

– Vamos deixar de tristeza, que o café está chegando – tentou disfarçar Pedro.

Ângela entrou com uma bandeja ornada com uma toalhinha de crochê, com as xícaras de café.

– Pronto, aqui está o café. Por favor, sirva-se, Pedro – deu a Pedro a primeira xícara, servindo em seguida a seu pai.

– Está muito gostoso – disse o rapaz – foi você quem fez?

– Ainda bem que, pelo menos, o café eu sei fazer – disse sorrindo.

Despediram-se, em seguida, com Pedro prometendo que viria sempre vê-los.

O rapaz causou, aos pais de Ângela, a mesma boa impressão que ela causara ao ser apresentada à Ana e ao maestro.

Assim que chegaram, Pedro falou:

– Não se assuste com Japi. É um cachorrinho levado, mas muito bonzinho.

Dito e feito, ao escutar o sino, adivinhou que Pedro chegara e lá veio latindo e abanando o rabo.

– Se ele gostar de você, ficará pulando sem parar. Venha, Japi, conhecer a Ângela – Pedro falou ao mesmo tempo em que afagava o simpático animalzinho.

Como se quisesse responder, Japi começou a pular sobre Ângela, mostrando, com sua festa, que a jovem estava aprovada.

Imediatamente Paulo veio recebê-los.

– Entrem, meus filhos, estava esperando por vocês.

– Mestre, como lhe falei ao telefone, trouxe hoje a Ângela para conhecê-lo.

– Seja bem-vinda, Ângela. Todos os amigos de Pedro, são meus amigos também – Paulo abriu um sorriso amável, estreitando a jovem em seus braços.

– Mestre Paulo, Pedro fala tanto do senhor que eu não via a hora de conhecê-lo.

– Pois então vamos entrar – convidou Paulo.

– Gostaria, mestre, de levar Ângela ao nosso retiro de estudos, lá atrás. Quero que veja os beija-flores e a paz que se esparge no ar, naquele local.

– Está bem, meu filho, leve Ângela, que já os encontro. Vou apenas pegar alguns livros.

Ao ver os pássaros se alimentando nos recipientes colocados por Paulo, as borboletas multicoloridas cruzando o ar e o cálido raio de sol que banhava o lugar, Ângela teve a sensação de que aquele local não fazia parte da Terra; era muito especial e sentia-se privilegiada de poder compartilhá-lo com Pedro e Paulo.

– Não lhe disse, que aqui é maravilhoso? Onde nos sentimos sempre felizes e onde os estudos que fazemos parecem ser compartilhados com seres especiais, que não vemos, mas que sentimos.

Paulo chegou, colocou os livros sobre a mesa, convidando o casal para orar com ele.

– "Senhor Jesus, estamos novamente reunidos em Vosso Nome. Que nesse momento de amor, que nos une em Vossa Presença, possamos contar com os mensageiros espirituais que nos protegem e inspiram, para que, em mais uma tarde de estudo e meditação, assimilemos os Vossos ensinamentos. Sabemos, Senhor, que nossas mãos não são adornos para a admiração alheia, mas ferramentas de trabalho para o aperfeiçoamento de nossas almas.

Que este jovem casal, aqui presente, receba a Vossa bênção e que os seus corações se abram para a prática do bem e da caridade".

Como sempre, quando Paulo orava, se faziam presentes os espíritos guardiães daquela casa e daquele local de estudos doutrinários, derramando sobre os presentes bênçãos de Paz e Amor.

Envolvidos que estavam sob a luz do Alto, Paulo iniciou a lição daquela tarde.

– Ângela, você conhece alguma coisa sobre o Espiritismo? – perguntou Paulo.

– Bem pouco. Meus pais, apesar de, oficialmente,

serem católicos, sempre respeitaram os princípios espíritas. Tenho falado com Pedro, que me conta, todas as vezes que vem aqui, os conhecimentos que está obtendo junto ao senhor.

– Pedro vai indo muito bem. Quando aqui chegou, não tinha nem a certeza de haver vida após a morte do corpo. Hoje, já se integrou aos nossos jovens, que fazem um lindo trabalho junto aos necessitados. É fundamental que se estude profundamente a Doutrina Espírita, para colocarmos em nossos corações os esclarecimentos necessários para a abraçarmos sem nenhuma dúvida ou restrição. Você gostaria de saber alguma coisa em especial?

– Se o senhor puder, gostaria de saber um pouco sobre a reencarnação – respondeu Ângela.

– Nos capítulos IV, V, VI, VII, de O Livro dos Espíritos, Kardec aborda o tema, inquirindo os espíritos que o ajudaram, levando a eles as dúvidas que tinha e que todos nós temos até hoje. No estudo cuidadoso desse maravilhoso relicário da humanidade, todas as incertezas são esclarecidas.

– Mas como se dá? Os espíritos podem passar do homem para o animal?

"– *A reencarnação dos espíritos ocorre sempre na espécie humana: seria um erro acreditar que a alma ou espírito possa se encarnar no corpo de um animal.*

As diferentes existências corporais do Espírito são sempre progressivas e jamais retrógradas, mas a rapidez do progresso depende dos esforços que fazemos para atingir a perfeição[1]*"* – esclareceu Paulo.

– E os que não conseguem alcançar a perfeição, como ficam? – perguntou Pedro.

– Suportam a prova de uma nova existência, assim nos ensinam os espíritos.

– E qual é o objetivo da reencarnação?

– No item 166, de O Livro dos Espíritos, esta pergunta é respondida da seguinte forma: *"Expiação, aprimoramento progressivo da Humanidade, sem o que, onde estaria a justiça?"*

– É exatamente isso o que eu pensava, mestre – interrompeu Pedro – por que uns pobres e outros ricos, uns doentes e outros cheios de saúde? Esses esclarecimentos são muito importantes para que nós vejamos a Justiça e a Bondade de Deus, que nos dá, pela reencarnação, a oportunidade de resgatarmos nossos erros do passado.

– Perfeito, Pedro, você entendeu muito bem. Há alguma dúvida para você, Ângela? – perguntou o mestre.

---

[1] *O Livro dos Espíritos – Introdução ao Estudo da Doutrina Espírita – item VI.*

– Não, senhor, está bem claro e acho magnífico o processo reencarnatório. Mas gostaria de saber se o número de reencarnações é o mesmo para todos nós.

– A uma pergunta semelhante, Kardec obtém a seguinte resposta, descrita no item 169: "Não, aquele que caminha depressa se poupa das provas. Todavia, as encarnações sucessivas são sempre muito numerosas, porque o progresso é quase infinito".

Salviano, Gabriel e Maria Inês estavam presentes, como sempre, quando Pedro e Paulo estudavam.

– Veja, Gabriel, as mesmas dúvidas que você tem, muitos encarnados também as possuem. Estamos vendo, no passado de Maria Inês, como foram conseguidos os débitos que ela, Pedro e Antônio, hoje, resgatam.

– Mas por que, Salviano, não lembramos o passado, quando estamos encarnados?

– *"O homem não pode nem deve tudo saber: Deus o quer assim em sua sabedoria. Sem o véu que lhe cobre certas coisas, ficaria deslumbrado, como aquele que passa, sem transição, da obscuridade à luz. Pelo esquecimento do passado ele é mais ele mesmo"*(item 392).

– Fizemos uma pausa na história de Inês de Sá, para acompanharmos os estudos de Pedro. À medida em que ele vai sendo esclarecido por Paulo, você também, Gabriel vai aprendendo mais um pouco. Logo retomaremos a nossa história, para que você e Maria Inês entendam melhor o que se passou com ela.

– Estou ansioso, Salviano. Ao mesmo tempo em que quero ficar ouvindo Paulo, tenho a maior curiosidade de retomarmos a história do passado – disse Gabriel.

– Não veja como curiosidade, antes veja como ensinamento, lição de vida e Justiça Divina – retrucou Salviano.

Gabriel concordou, um pouco encabulado, com o pequeno puxão de orelha que Salviano lhe dera.

– Mestre Paulo, o senhor não acha que já estou preparado para assistir a uma sessão prática, no intercâmbio do mundo espiritual conosco? – perguntou Pedro.

– Acho sim, Pedro, na próxima semana nos reuniremos, Ana, Antônio, você e eu. Temos notícias, através de nossos mentores, que a reunião será de grande proveito para você. Convido-a também, Ângela, porque me pareceu bem amadurecida para participar sem qualquer comprometimento de nosso trabalho.

– Agradeço muito a sua confiança, mestre Paulo, anseio há muito tempo por essa oportunidade. Sinto, dentro de mim, que essa verdade já faz parte de minha alma e hoje, com este lindo encontro, confirmei que é isso mesmo que eu procuro em minha vida – respondeu Ângela.

Terminaram a reunião, agradecendo a Deus pela oportunidade recebida.

Ângela e Pedro retornaram às suas casas, indo pelo caminho conversando animadamente sobre tudo o que ocorrera naquela tarde maravilhosa.

Mestre Paulo, por sua vez, entrou em seu quarto de orações, ajoelhou-se, ficando em um estado quase de êxtase, entrando em contato com Salviano, que lhe disse:

– Prepare-se, meu amigo, ore a Deus e organize a reunião que acaba de marcar, com o maior cuidado. Traremos Maria Inês, a mãe de Pedro, para transmitir a sua palavra ao filho.

Paulo despertou lentamente, guardando na lembrança a recomendação do Espírito Protetor.

XIX - OS CONSELHOS DE DONA LEOPOLDINA

Voltemos ao passado, onde deixamos Inês de Sá combinando com sua avó a visita que faria no dia seguinte, para ouvir os seus conselhos.

Após despedir-se de Dona Leopoldina, Inês recolheu-se aos seus aposentos, tentando dormir. Não conseguiu serenar o seu coração e por toda a noite rolou na cama, de um lado para o outro, tendo como ideia fixa Antônio, o homem que a impressionara tanto, tirando-lhe a paz da alma.

Na manhã seguinte estava abatida, com os olhos inchados e, por esta razão, não quis mais adiar sua conversa com a avó.

Chamou Benta, pediu o desjejum e ao mesmo tempo solicitou que a mucama informasse à Dona Leopoldina que, dentro de meia hora, iria ter com ela.

Foi ao encontro da avó com o coração apertado, sem saber direito o que iria lhe falar.

– Dá licença, vovó? – perguntou quase em um sussurro.

– Entra, querida, estou te esperando – respondeu Dona Leopoldina, adivinhando que o assunto seria muito sério.

– Sua bênção, avozinha – Inês beijou a mão da avó, sem aquele alvoroço que costumava fazer quando a encontrava.

– Minha filha, estou ficando muito preocupada com o que tens a dizer-me.

– Vovó, na realidade é um assunto muito difícil para mim, não sei nem como abordá-lo.

A bondosa senhora estendeu as mãos à sua neta, dizendo:

– Vem, senta-te aqui ao meu lado.

Inês sentou no chão, encostando-se no regaço da avó, deixando correr duas lágrimas pela face.

– Estou muito confusa, não sei o que está se passando comigo. Prometa-me, vovó, seja o que for que eu vá lhe contar, que a senhora não se zangará comigo.

– Nunca me zango contigo, Inês, apenas dou-te conselhos. A minha felicidade, querida, é ver-te sempre feliz.

– Acho, vovó, que desta vez a senhora vai se zangar. O Barão de Montmór apresentou-me um professor de piano, na outra tarde em que fui lanchar com Júlia. O nome dele é Antônio e me causou uma impressão tão forte que não consigo esquecê-lo nem um minuto. Convidei-o a vir dar-me aulas, para completar meus conhecimentos musicais. Esteve aqui ontem e o que senti ao lado dele jamais senti ao lado de Pedro.

– Eu bem sabia, quando casaste, que estavas a fazer uma loucura. Disse a ti, naquela ocasião, que poderias sofrer em virtude da grande diferença de idade que tens da de teu marido. Respondeste-me que gostavas dele e que seria um bom negócio para ambas as famílias. O casamento, querida, só será feliz, se fundamentado no amor. Sabíamos, desde o noivado, que Pedro é extremamente ciumento. O ciúme é qual gás finíssimo, que penetra nas aberturas mais sutis da alma. Acaba, esse sentimento atroz, por corromper os outros sentimentos. Mata o amor, quando este não é forte o suficiente, escraviza aquele que é seu objeto, tanto quanto a própria pessoa que o sente e, no casamento, acaba por aniquilar as individualidades do casal.

– Mas – respondeu Inês – achava que Pedro tinha ciúme por me amar demais. Não imaginava que, como meu marido, me sufocaria do jeito que me sufoca.

– O amor verdadeiro é sinônimo de renúncia. Quem tem a felicidade de amar alguém, com todas as forças de seu coração, não tortura, não escraviza, pensa sempre no outro antes de pensar em si, abre mão da própria felicidade a favor do outro e a tudo perdoa. Não existe alguém ruim eternamente e o que pensamos ser erro, são processos evolutivos de todas as criaturas. Há casos em que, só pelos laços do casamento, dívidas anteriores são pagas. Acredito piamente na Justiça de Deus e todos os que assim acreditam, sabem que não poderíamos ter uma só existência, tendo em vista as contradições que se nos apresentam aos olhos, nos diferentes destinos de cada um.

– Acredita então, minha avó, que vivemos mais de uma vez?

– Com toda a certeza Inês – respondeu Dona Leopoldina. – Por esta razão não são todos os casamentos selados no amor verdadeiro. Mas quando firmamos um compromisso na Terra como no Céu, devemos saber que não honrá-lo acarretará, fatalmente, a cobrança futura. Não é bom proceder sem refletir e peca quem é precipitado. Tu poderás usar a teu favor o argumento de gostar de Pedro, mas não amá-lo, porém, uma vez que tu o aceitaste como teu marido, deves-lhe o respeito. Talvez este sentimento que te brota no coração seja amor, mas tem muito maior probabilidade de ser uma paixão. A paixão cega e edificas em tua mente um ser que realmente não existe, porque pensas que ele é perfeito, mas ninguém o é. Quando o objeto da paixão não corresponde como desejamos, vem o desespero e a loucura, porque só o amor é sereno.

– Na realidade, vovó, não sei direito qual é esse sentimento que me tomou de assalto, é por isso que vim procurá-la. Preciso muito de sua ajuda.

– Minha pequena, apenas posso dar-te conselhos, mas as decisões, cabe a ti tomares. O livre-arbítrio que Deus te deu, vai ter que avaliar o que é melhor para ti. Procura colocar-te no lugar de teu marido e, se sentires que não gostarias de passar pelo que vais fazer a ele, não o faças. É melhor não plantarmos o mal, para não termos que colhê-lo compulsoriamente. Ora, minha filha, pede a Deus e à tua mãezinha, que está no céu, que te proteja e ilumine.

A mãe de Inês, no plano espiritual, era a nossa Ângela e estava ao lado de sua sogra e de sua filha, ouvindo aquela conversa que a magoava profundamente, pois sabia que a menina que deixara tão pequena, apesar de ter sido muito bem orientada por Dona Leopoldina, estava prestes a dar um passo em falso, que a levaria ao desespero e ao débito.

Ângela, há muitas encarnações, era a companheira de Pedro, que na presente vida, onde não chegaram a se encontrar, tomara Inês como esposa. Tanto ela, Ângela, como mãe de Inês, como ele, Pedro, seu marido, participavam da trama urdida no Plano Espiritual, para que, passo a passo, cada um deles fosse recebendo experiências acrescentadas no caminho da evolução.

No futuro estariam novamente juntos, completando-se como almas gêmeas, mas que, no momento, separavam-se para contribuir com a evolução de Inês de Sá.

Os sentidos exteriores avultam-se à medida que o ser se eleva na escala da existência e do aperfeiçoamento.

Inês deixou sua avó que, com o coração opresso, ficou a orar, encaminhando-se a seus aposentos, acompanhada por Ângela.

Deitou-se novamente e começou a meditar, sob a forte influência de sua mãe.

Ângela colocou a destra na cabeça da filha, transmitindo-lhe seus pensamentos.

– Filha, lembre-se que a matéria não é nada e que os verdadeiros valores são os do espírito. Procure, Inês, combater os maus pensamentos que a assaltam; rogue a Deus, como a vovó Leopoldina lhe pediu. Fortaleça-se na oração, reflita antes de tomar qualquer atitude.

Inês, de repente, sentiu saudades da mãe que sequer conhecera. Pensou que se a tivesse perto de si, não teria casado. Quem sabe ela a teria defendido daquela loucura. Nunca se arrependera tanto, como nesse momento, de ter casado com Pedro sem amá-lo.

Agora achava muito tarde para combater o vulcão que irrompia em seu coração.

Ouvira a avó, entendera tudo o que ela falara e até concordava com ela, mas considerava que era muito jovem para enterrar no peito o primeiro grande amor que chegava à sua vida.

Sabia que não estava sendo muito justa com Pedro, mas ele já ultrapassara a meia-idade e ela estava no auge da juventude.

Queria loucamente experimentar o prazer de amar

e ser amada, de ser completada por Antônio. Um beijo em seus lábios poderia levá-la ao céu. Ansiava por revê-lo. Mandaria, por Benta, um recado para que ele antecipasse a visita marcada.

Queria saber mais sobre ele, ver onde morava, saber do que gostava, quem eram seus amigos.

Levantou-se e sentou-se à escrivaninha, pegou um papel de carta, cor-de-rosa, suavemente perfumado, escrevendo:

"Caro professor Antônio, marcamos, para a próxima semana, a nossa primeira aula de música. Todavia peço-lhe a especial gentileza de vir amanhã, por volta das quinze horas. Muito obrigada, Marquesa Inês de Sá".

Chamou a mucama e disse que levasse, sem demora, ao destinatário a sua missiva.

Aguardaria com ansiedade a resposta e, se ele viesse, pensaria desde já o que lhe falaria.

Não sabia se deveria falar do seu amor ou esperar, um pouco mais, para saber o que ele sentia por ela.

Tinha também de achar uma boa desculpa para dar a Júlia, pois o remorso não a deixaria vê-la tão cedo.

XX - A MISSIVA

Benta, como havia lhe pedido Inês, levou sem demora a missiva a Antônio.

Bateu à porta da modesta casa do moço, sendo atendida por ele próprio.

– Bom dia, professor – falou Benta. – A senhora Marquesa pediu-me para trazer-lhe esta carta, pedindo que eu leve a sua resposta.

Pedro leu, ficando intrigado com aquele pedido, tendo em vista que estivera com a Marquesa apenas um dia atrás. O que a teria levado a antecipar tanto o próximo encontro? Apesar disso, falou à Benta:

– Está bem, Benta, diga à Marquesa que estarei lá amanhã, na hora marcada.

Antônio entrou na casa, sentou-se e, com a missiva na mão, começou a meditar. Sentiu o suave perfume da carta, admirando o delicado papel cor-de-rosa.

Lembrou-se dos pormenores de seu último encontro com a Marquesa, avaliando melhor as perguntas que ela lhe fizera. Recordou os olhares que lhe dirigira e a súbita intimidade que lhe dera, ao chamá-lo pelo nome e também pedindo que ele assim o fizesse, em relação a ela.

Será que havia algum outro interesse da moça, que não só as aulas de piano?

No dia seguinte, às quinze horas, Antônio chegou ao palacete dos Sá.

Benta foi avisar Inês em seus aposentos. A moça se preparou, a exemplo da primeira vez, com muito esmero.

Entrou no salão de música onde encontrou o professor, sentado, esperando por ela.

O rapaz resolveu não tomar a mesma liberdade que tomara à primeira vez em que esteve lá, para não ser mal interpretado. Queria saber quais eram as intenções de Inês, com relação a ele.

– Boa tarde, Antônio! Muito prazer em revê-lo – disse Inês, estendendo a mão para que Antônio a beijasse.

Ao beijar a delicada mão da Marquesa, Antônio sentiu o doce aroma de um finíssimo perfume francês. Na realidade, era estupenda a beleza de Inês, realçada pelas joias, o vestido bem talhado, que lhe marcava a silhueta e os lindos cabelos, cuidadosamente penteados.

– Vim hoje, Marquesa, mas não compreendi o porquê de anteciparmos nossa aula, que havíamos marcado para a semana que vem.

– É porque, Antônio, eu não aguentaria esperar até

lá – respondeu Inês, fitando-o nos olhos e transmitindo, em seu próprio olhar, a ansiedade que lhe ia na alma.

– Marquesa, acabamos de nos conhecer. Hoje é o nosso terceiro encontro e se bem entendo o que está se passando com a senhora, há aqui, um grande equívoco.

– Por favor, chame-me Inês, como eu já lhe pedi anteriormente. Não há equívoco algum, uma vez que, sem que eu soubesse, esperei por você a minha vida inteira. Quando o vi, pela primeira vez, compreendi que era você o homem da minha vida.

– Eu lhe peço, senhora, não interprete mal a nossa tão recente amizade e, se fui eu quem, inconscientemente, a fez acreditar que houvesse qualquer outro interesse de minha parte, senão dar-lhe aulas de piano, me perdoe.

– Não, Antônio, você nada fez para me entusiasmar a seu respeito, mas tenho a certeza de que você há de sentir por mim o mesmo forte amor que me toma o coração.

– Acredito que devo ir embora, não há mais nada a conversarmos – falou Antônio, levantando-se, perplexo.

Inês jogou-se aos pés do rapaz, enlaçando suas pernas e lhe dizendo com emoção:

– Eu suplico que não vá. Conversemos um pouco mais. Você descobrirá que também me ama.

– Marquesa, a senhora é casada, respeitemos o senhor Marquês.

– Sim, sou casada com um homem a quem nunca amei e que tem o dobro de minha idade.

– Mas esse fato não nos permite considerar que seu casamento não exista.

Antônio respondeu ao mesmo tempo em que erguia Inês do chão.

A jovem, então, atirou-se ao pescoço do rapaz, em prantos, estreitou-o fortemente junto ao seu corpo, dizendo:

– Não é possível que você nada sinta por mim. Todos os homens caem aos meus pés, implorando-me a atenção e você, que é o único a quem eu quero, não pode ser-me indiferente.

Antônio soltou-se delicadamente do amplexo da jovem, afastando-se um pouco.

A Marquesa sentou-se, colocou os braços cruzados sobre os joelhos e, deitando a cabeça, soluçou destemperadamente.

– Inês – disse Antônio com piedade – você está enganada, o que sente por mim é um entusiasmo passageiro, na realidade você ama a seu marido. Não faça assim, não chore dessa maneira, vai lhe fazer mal.

Aos poucos, Inês foi se controlando e, parando de chorar, encarou Antônio, dizendo:

– Prometa-me que não deixará de vir ver-me, por favor, prometa.

– Não, Marquesa, não poderei lhe prometer, acho que se assim procedesse, far-lhe-ia mais mal do que bem.

– Antônio, não me desiluda. Sei que se não me ama agora, logo me amará tanto quanto eu o amo.

O professor foi para a sua casa, extremamente impressionado com tudo o que acontecera.

O que haveria dado na Marquesa? Seria impossível que em apenas três encontros ela ficasse tão apaixonada.

Considerou que, talvez, a diferença de idade com o marido e a sua própria pouca idade, estivessem fazendo com que ela confundisse as coisas.

Não mais voltaria ao palacete, disto tinha a certeza.

Por causa de uma jovem, que apesar de casada, agia como uma adolescente, não poderia arriscar um problema com o Marquês de Sá, que tinha muita influência entre os fidalgos a quem servia como professor de música.

Com o tempo isso passaria e Inês cairia na realidade, percebendo o absurdo de seu procedimento.

Em contrapartida, Inês pensava exatamente o contrário. Fechou-se no quarto, continuando a chorar por horas.

Não desistiria de lutar por Antônio. Se ele não a viesse mais ver, iria ao seu encontro, mesmo que isso lhe custasse a própria reputação.

Prevenira Benta para que não a chamasse para o jantar e que dissesse a Pedro que estava indisposta e por isso se recolhera mais cedo.

Sua cabeça fervia. Como fazer? Que atitude tomar?

Ângela, sua mãe, que estivera todo o tempo junto à filha, tentara, por diversas vezes, intuir-lhe sobre o mal que estava fazendo. Pedia que ela refletisse, que pensasse em Pedro, que tudo aquilo era uma ilusão de um momento de paixão, que a poderia perder para sempre.

Salviano, que sempre fora o responsável por aquele grupo de espíritos, veio ao encontro de Ângela, para auxiliá-la.

– Ângela, minha amiga – assim que entrou no recinto aquele espírito de escol, a luz se fez presente, iluminando tudo à sua volta – sei que seu coração está compungido, mas tenha calma. Não cai uma folha de uma árvore, sem que seja pela vontade de Deus. A dor física ou moral é um meio poderoso de desenvolvimento e de progresso. As provas auxiliam-nos a conhecer e dominar as nossas paixões. A fim de podermos combater e vencer o sofrimento, cumpre estudarmos as causas que o produzem, e com o conhecimento dos seus efeitos e a submissão às suas leis, a aceitação da dor é a purificação suprema, é a escola em que se aprende a paciência, a resignação e todos os deveres que temos conosco e com os nossos semelhantes. Através da dor funde-se o egoísmo e dissolve-se o orgulho.

– Mas Salviano, ela está sofrendo demais. É apenas uma menina, que não tem ainda o conhecimento da vida.

– Engano seu, Ângela, Inês tem agora a matéria jovem, mas seu espírito já passou por diversas oportunidades. O nosso compromisso, meu, seu, de Pedro e de Antônio, que firmamos junto ao Plano Superior, para ajudá-la a iniciar a escalada da evolução, não pode interferir em seu livre-arbítrio e por essa razão ela deverá, neste momento, fazer a sua escolha.

Todos os males da vida concorrem para o nosso aperfeiçoamento. Pela dor, pela prova, pela humilhação, pelos reveses, o melhor desprende-se lentamente do pior. A prova retempera os caracteres, apura os sentimentos, doma as almas altivas.

Pediremos ao Cristo, o amor encarnado, que nos inspire, para fazermos Inês entender que a paixão nada tem a ver com o amor, que a mesma não passa de uma imitação grosseira do amor. O amor é a celeste atração das almas e dos mundos, a potência divina que liga os Universos, governa-os e fecunda; o amor é o olhar de Deus!

– Então, Salviano, não a desampare. Estenda a sua luz protetora a essa que hoje é minha filha. A quem amo ilimitadamente e a quem desejo do fundo de minha alma, que possa acordar em tempo de evitar os males, dos quais será responsável.

Ali, sob a luz protetora de Salviano e do amor maternal de Ângela, Inês sentiu acalmar a tempestade que lhe ia na alma.

Conseguiu adormecer e neste estado desligou-se do corpo, percebendo os espíritos de Salviano e Ângela ao seu lado.

Não entendeu o que se passava, mas sentiu que aqueles dois seres passavam para ela uma sensação de calma e paz.

Na manhã seguinte, acordou com um sentimento misto de dor e de calma.

Não sabia direito o que deveria fazer. O seu íntimo parecia se debater entre dois sentimentos distintos. Um, aconselhando que ela esquecesse, por mais difícil que fosse e o outro, aconselhando a lutar pelo homem a quem queria.

XXI - A PAIXÃO

Inês não sabia a quem recorrer para aconselhar-se. Júlia, a amiga confidente, ficaria zangada com ela, porque ela própria tinha pretensões com relação a Antônio.

Ia novamente tentar convencer Antônio de seu amor. Era impossível que nada sentisse por ela. Iria à casa do professor, pois ele afirmara que não mais viria até ela.

Passou a manhã, entristecida, com a alma agitada e o coração apertado.

Cada alma é uma irradiação da Grande Alma Universal, uma centelha gerada do Eterno Foco. Nós, porém, nos ignoramos a nós mesmos, e essa ignorância é a causa de nossa fraqueza e de todos os nossos males.

Antônio, Inês e Pedro tinham laços estreitos, que se repetiam há várias encarnações, tentando um ajuste definitivo.

Tinham feito um acordo no Plano Espiritual, de renascerem e, superando as paixões, caminharem para a ascensão evolutiva.

Pedro, como marido, deveria aceitar a jovem esposa, amparando-a e orientando-a com relação à vida futura.

Estava no limite entre cumprir seus compromissos

ou deixar-se levar pela paixão pela jovem esposa, entregando-se ao ciúme, ao invés da compreensão.

Inês, por sua vez, não estava resistindo à paixão carnal por Antônio. Estava nos planos superiores que viesse a ser uma linda mulher e, por conta disso, os homens estariam a seus pés, mas ela deveria resistir a qualquer custo às tentações sensuais.

Não poderia ceder e, tendo Pedro como um homem mais velho, como marido, a ele deveria se dedicar.

Também estava no limite onde o livre-arbítrio iria marcar o futuro.

Sempre há dois caminhos a escolher. Compete-nos seguir o mais digno.

Com a cabeça cheia de diferentes ilusões, na luta entre o certo e o errado, Inês optou por entregar-se à paixão.

No início da tarde, pediu que preparassem a carruagem, indo em busca do professor.

Antônio estava seguindo à risca o seu compromisso assumido no Espaço. Levava uma vida de trabalho, de dedicação aos princípios morais. Sofrera a separação dos pais naturais, mas não deixara de ser grato àquele que o criara e educara. Agora estava sendo experimentado na grande prova de sua vida, de não se entregar à tentação de uma linda e jovem mulher, por ser ela comprometida com outro, perante Deus e os homens.

A Marquesa chegou à casa de Antônio trajando um vestido negro, com um chapéu da mesma cor, do qual um fino véu deslizava sobre sua face, ocultando-a. Esperava não ser reconhecida em benefício de sua reputação.

Dispensou a carruagem, pedindo que voltasse dentro de uma hora.

Bateu à porta timidamente.

O professor, que estava tocando o seu piano, interrompeu aquele momento de êxtase em que sempre ficava quando fazia emergir do teclado lindas melodias.

Ao ouvir as pancadas na porta, pensou: "Quem seria? não havia marcado com ninguém!"

Foi atender à porta, deparando-se com aquela mulher que, pelo traje, não podia adivinhar quem fosse.

– Pois não, boa tarde. A senhora procura por quem? – perguntou.

– Sou eu, Antônio, por favor, deixe-me entrar.

Antônio reconheceu a voz de Inês e, estupefato, deixou-a entrar.

– Inês, por que veio? Não lhe disse que seria melhor que não nos víssemos mais?

– Sim, meu amor, e é por isso que estou aqui. Sabia que não mais iria me procurar, então resolvi vir à sua casa. Temos que conversar. Você tem que me dar uma chance de demonstrar o meu grande amor.

– Pare, Marquesa. A senhora está passando todos os limites – respondeu Antônio com um tom grosseiro, tentando demover Inês daquela loucura.

– Por favor, não me trate assim, procure entender-me, necessito de você como o ar que respiro.

– Gostaria que deixasse de proceder assim. Já lhe disse que devemos todo o respeito ao Marquês e, ademais, não sinto pela senhora mais do que uma simples amizade – disse o rapaz com firmeza.

– Engano seu, meu amado – disse Inês, segurando as mãos de Antônio – você me ama, só não quer ficar comigo por eu ser casada. Mas prometo-lhe que hoje mesmo falarei com Pedro e peço-lhe a separação e então poderemos viver felizes, juntos.

– Senhora, peço-lhe, por Deus, não faça semelhante sandice. Pense em sua felicidade, não vá arruinar a sua vida. Seu marido a ama, por favor, reconsidere e veja que esse sentimento que sente por mim não é senão um entusiasmo passageiro.

Inês, com o seu orgulho profundamente ferido,

sentiu um extremo rancor pelo rapaz. Naquele exato momento, toda a paixão que lhe devotava, transformou-se em ódio mortal.

– Pois bem, professor Antônio, quis lhe dar o meu amor e a minha vida e o senhor me despreza. Não estou acostumada a ser tão humilhada. Quero que saiba que, neste momento, o senhor acaba de obter a sua mais ferrenha inimiga.

Inês saiu batendo a porta atrás de si, pálida de tanto rancor. Em um átimo, a jovem Marquesa pensou que se vingaria daquele homem que tinha o desplante de desprezá-la.

Pensaria em um jeito de prejudicá-lo, custasse o que custasse.

Ao chegar a carruagem, pediu ao cocheiro que a levasse à casa de Júlia.

Lá chegando, Inês contou à amiga, com todos os detalhes, o que havia acontecido desde o dia em que conhecera Antônio, até aquele momento.

– Inês, como você teve coragem de agir assim? Por que não me procurou, eu a teria dissuadido de tanta loucura – falou Júlia.

– Júlia, tive medo de que não me entendesse, pois sabia do seu interesse pelo professor. Só que agora não tenho com quem falar. Vovó me repreenderia, pois já havia me prevenido. Nada adiantou, porque o que estava sentindo por ele abafou qualquer outro sentimento que eu pudesse ter.

– Minha querida amiga, sempre estarei a seu lado, em qualquer circunstância, pode contar comigo. Volte para sua casa, descanse um pouco, reflita bem, antes de tomar qualquer atitude – disse Júlia, abraçando com carinho fraternal, a amiga.

– Obrigada, Júlia, foi bom desabafar com você. Sentia-me uma traidora, quando lembrava do seu entusiasmo em relação a Antônio.

– Fiquei impressionada por ele, Inês, mas nada que pudesse me consumir, como está acontecendo com você.

Júlia acompanhou a amiga à carruagem, após havê-la feito tomar um chá de erva-cidreira, para acalmá-la um pouco.

– Logo que puder, irei vê-la em sua casa. Tenha juízo e faça como a sua avó lhe aconselhou, ore a Deus, que Ele irá ajudá-la.

A Marquesa, chegando ao palacete, recolheu-se imediatamente ao seu quarto.

Deitara-se, como de costume, contemplando o teto.

Sua cabeça rodava, influenciada por diferentes pensamentos. Decidira nada falar à avó e continuava pensando em como vingar-se de Antônio.

Queria dar-lhe uma lição que o fizesse se arrepender de tê-la tratado tão mal.

Sempre o orgulho, a grande chaga, corroendo as entranhas, cegando a razão.

XXII - A VINGANÇA

Benta, assim que Pedro chegou, foi chamar Inês para jantar.

– Sinhá, o Marquês chegou e pede para a senhora descer para jantar com ele.

– Diga-lhe que vou descer e avise à Luzia que já pode servir.

A mucama achou Inês um tanto estranha, mas nada comentou, pois sabia que quando a Marquesa se irritava, o mundo vinha abaixo.

– Boa noite, Pedro – cumprimentou Inês, indo ao encontro do marido, dando-lhe um rápido beijo na face.

– Boa noite, querida. Como está você? Parece-me novamente abatida.

Inês não respondeu, acomodando-se à mesa, no que foi acompanhada por Pedro.

Luzia trouxe uma sopa cremosa, como entrada da refeição principal.

– Inês brincava com a colher, mas nada conseguia comer.

– Então, Inês, vai me contar o que está se passando com você?

– Pedro, outro dia falei com vovó e ela me disse que no jantar os casais contam, um ao outro, as coisas que aconteceram enquanto ficaram longe, durante o dia.

– Concordo com ela, meu bem, só que ultimamente não conseguimos conversar, você está sempre, ou com dor de cabeça ou com sono, querendo recolher-se e nossas conversas estão se rareando cada vez mais.

– É que não gosto de aborrecê-lo, mas devo dizer que não posso mais me calar sobre um assunto que está me preocupando – disse Inês.

– Então, diga-me o que está acontecendo para deixá-la tão abatida.

– Conheci outro dia, apresentado por Júlia, um professor de piano, que está dando aulas a várias jovens de famílias fidalgas. Como eu abandonei meus estudos assim que casamos, resolvi contratá-lo, para retomar do ponto em que parei, pois temos um belo piano, que estava encostado sem qualquer uso.

Pedro foi ouvindo calado, mas pressentindo que ia escutar de Inês, algo desagradável.

– Quando conheci o professor Antônio, achei-o um homem simpático, amável e inspirou-me total confiança. Assim, pedi que viesse avaliar o estado do piano, afiná-lo e acertar comigo, quando iríamos iniciar as aulas.

– Por que você não me contou nada? – perguntou Pedro, ficando sério e usando um tom de voz que demonstrava irritação.

– Porque queria lhe fazer uma surpresa. O professor disse-me que tinha várias composições e que me ensinaria uma bela valsa para que eu oferecesse a você – mentiu Inês.

– Então prossiga. O que tem a ver essas aulas com o seu abatimento?

– Quando o professor Antônio chegou, já foi mexendo, sem que eu estivesse presente, no piano. Achei um grande atrevimento da parte dele, tomar aquela liberdade. Aos poucos, foi se insinuando, de modo cada vez mais inconveniente. Por fim, tentou agarrar-me à força, dizendo que estava apaixonado por mim e desejava que eu correspondesse.

Pedro foi trocando as cores da face, do branco pálido, passou ao vermelho raivoso.

– O que está você me falando? Esse miserável tentou desonrá-la, embaixo de meu próprio teto?

– Tentei esconder de você esse incidente, mas ele não me dá mais sossego, escreve-me, insiste em marcar encontros. Queimei todos os seus bilhetes, mas agora não estou aguentado mais – Inês, chorando fingidamente, tentava demonstrar ao marido a sua inocência.

Pedro, que por muito menos ficava alucinado de ciúmes, ficou cego de tanto ódio. Levantou-se, puxou com força a toalha da mesa, quebrando tudo o que havia sobre ela. Esbravejava, jurando dar uma lição ao canalha.

Dona Leopoldina, ouvindo de seus aposentos, tanto barulho, resolveu ir ver o que se passava. Encontrou Benta e Luzia abraçadas, tremendo sem parar.

– O que está acontecendo, minha gente? Por que tanto reboliço? – perguntou a idosa senhora.

– Ah Sinhá! Estamos morrendo de medo, o Marquês parece que está com o diabo no corpo, está uma fera, quebrando tudo à sua frente.

Dona Leopoldina apressou-se em ir ao encontro do casal.

– Pedro, o que é isso? Por que tanto descontrole? Os criados estão amedrontados – disse Dona Leopoldina, tentando acalmar a situação.

– Nada tenho a explicar aos criados – respondeu Pedro agressivo.

– Calma, meu filho, conta-me a causa de tanta violência.

– Violência a senhora verá quando eu trucidar aquele canalha.

– De quem estás falando?– perguntou a avó de Inês.

– Do desgraçado daquele professor Antônio – respondeu Pedro, com os olhos injetados de sangue.

– Inês, o que tu fizeste? Quando conversamos, no outro dia, falei para controlar-te.

Inês, com receio de que a avó contasse ao marido que a culpa era toda dela, foi logo respondendo:

– Contei ao Pedro que o professor de piano me desrespeitou e agora ele quer uma reparação.

Dona Leopoldina, percebendo o embaraço da moça, não disse mais nada, sentou-se e colocou as mãos sobre o peito.

Pedro, por sua vez, dirigiu-se à biblioteca, pegou a

arma que estava em uma gaveta e mandou que selassem seu cavalo mais veloz, imediatamente.

Passou por Inês e Dona Leopoldina, sem dizer-lhes mais nada.

Inês, de repente, começou a raciocinar que talvez fora longe demais. Sabia que deixaria Pedro enciumado. Queria que ele mandasse dar uma surra em Antônio, mas as consequências de suas palavras foram muito além do que ela imaginara.

Que faria Pedro? Mataria Antônio?

Horrorizou-se com esse pensamento, correu junto à avó, dizendo:

– Vovó, o que fiz? Não me perdoarei se Pedro matar Antônio – disse entre soluços.

Dona Leopoldina acolheu a neta em seus braços, com visível esforço, dizendo-lhe:

– Inês, tantas vezes te falei, que devias pensar muito, antes de cometer algum ato que te prejudicasse ou a outrem. Que recorresse a Deus, pedindo proteção e amparo. Nunca me escutas. Agora não sabemos quais as consequências de sua leviandade, sobretudo porque mentiste. O jovem professor nada fez para receber a ira de seu marido.

Dona Leopoldina concluiu, ficando cada vez mais pálida, com o suor lhe gotejando a fronte. Sentia uma forte dor no peito, mas nada disse a Inês.

– Reze comigo, vovó, peça a Deus que nenhum mal aconteça. Por certo Ele a ouvirá melhor do que a mim, que não passo de uma infame pecadora.

Quando assim dizia, entrou Benta, espaventada, com a feição alarmada.

– Sinhazinha, Sinhá Leopoldina, aconteceu uma tragédia – disse a mucama aos prantos.

– Diga logo, Benta, o que foi que aconteceu? – perguntou Inês alucinada.

– O cocheiro acaba de me relatar que, vendo o Marquês tão nervoso, resolveu segui-lo e no caminho, inesperadamente, apareceu um porco do mato, o cavalo empinou assustado, derrubando vosso marido.

– Por Deus, Benta, onde está ele? – perguntou a jovem, alarmada.

– Está lá fora, sinhazinha.

– E por que não o trazem logo, para o medicarmos?

– Marquesa, o vosso marido está morto. Quebrou o pescoço na queda, tendo morte instantânea.

Inês desfaleceu, sendo acudida por Benta, que a fez cheirar uns sais para reanimá-la.

Dona Leopoldina, cada vez mais pálida, já tinha os lábios arroxeados.

Luzia, que também estava presente, percebendo que a bondosa senhora não estava passando bem, gritou para o mordomo:

– Sebastião, vá imediatamente buscar um médico. Por favor, não demore, que Dona Leopoldina não está passando bem. Aproveite e peça ao padre que venha também.

Enquanto Sebastião saía a galope, atendendo ao pedido de Luzia, os demais empregados traziam o corpo de Pedro, levando-o para o seu quarto.

Benta e Luzia banharam o cadáver, colocando-lhe uma roupa negra, preparando-o para o velório.

Deviam tomar todas as providências para avisarem os parentes e amigos, pois Inês e Dona Leopoldina não tinham condições de nada fazer.

Assim que terminaram de preparar o corpo do Marquês, Benta foi ao encontro de Inês e Luzia foi receber o médico que chegara.

– Sinhazinha – disse Benta – a vossa avó não está

bem. Luzia mandou chamar o médico, que acaba de chegar.

– Como não está bem? – perguntou Inês, tentando levantar-se.

– Os acontecimentos deixaram Dona Leopoldina bastante sentida. Não consegue nada dizer e está cada vez mais pálida.

Inês sentiu que o mundo caía sobre ela. Quanta tragédia, tudo por sua culpa. Se não bastasse a morte do marido, agora, também a avó estava passando mal.

A jovem arrastou-se até o quarto de Dona Leopoldina, onde os criados a haviam colocado sobre a cama.

Ao deparar com a palidez daquela que sempre fora o esteio de sua vida, não aguentou e entrou em profundo desespero.

– Vovó querida, por favor, fale comigo – pediu a jovem, aos prantos. – Perdão por tudo o que fiz, se pudesse daria a minha própria vida para que tudo isso não tivesse acontecido.

Mas Dona Leopoldina nada mais ouvia pois entrou em estado de coma.

O médico tentou reanimá-la, mas ela exalou o seu último suspiro.

– Nada mais tenho a fazer – disse a Inês. Seu bondoso coração parou de bater.

Inês arregalou os olhos gritando, sem parar:

– Não, não, não pode ser. Minha avozinha, não me deixe. Como posso viver sem minha querida avó? Ela era a única luz de minha vida. O que fiz eu, meu Deus? Na ânsia de ser feliz, destruí a todos que me cercavam.

Benta abraçou a moça, condoída do seu desespero.

– Calma, Sinhazinha, vamos para seu quarto, vou lhe dar um calmante e depois que descansar um pouco, veremos o que devemos fazer.

Inês deixou-se levar como um autômato, caiu na cama, amparada por Benta, e ali permaneceu como que anestesiada.

Sentia-se arrasada, com o remorso corroendo-lhe a alma.

XXIII - EXÉQUIAS

Todos foram avisados do funesto acontecimento que abalara a família Sá.

Por dois dias, os corpos de Pedro e de Dona Leopoldina ficaram expostos no salão do palacete, para as visitas de despedida de parentes e amigos.

O pai de Inês não compareceu ao sepultamento, por não haver tempo hábil para fazê-lo.

Não dera muita importância à morte da própria mãe, muito menos à do genro.

Escreveu uma carta lacônica a Inês, muito formal, como se fosse de um estranho qualquer.

Júlia, logo que soube do acontecido, mandou avisar Antônio e seguiu prontamente, com seu irmão, ao encontro da amiga.

Lá chegando, ficou impressionada com o salão, que brilhara tantas vezes em maravilhosas festas e agora tinha um aspecto lúgubre, com os ataúdes de madeira entalhada, lado a lado, apresentando um pequeno visor de vidro, onde se viam os pálidos rostos de Pedro e de Dona Leopoldina.

Pesadas cortinas negras serviam de reposteiros e, nas cabeceiras e pés dos ataúdes, quatro castiçais de prata abrigavam as velas que queimavam exalando o perfume da morte.

Inês não conseguira sair da cama, queimava em febre, delirava e ia do pranto convulsivo à profunda inércia.

Benta e Luzia tomavam conta de tudo, de maneira

fiel, demonstrando o carinho que devotavam à moça, apesar do seu gênio temperamental.

Júlia foi até os esquifes, fez uma oração e, deixando o Barão Vicente de Montmór conversando com os amigos, foi em busca Inês.

– Posso entrar? – perguntou, baixinho.

– Por favor, Baronesa, é uma bênção a sua presença, quem sabe a Sinhazinha reage com a sua visita – disse Benta enquanto trocava as compressas que colocava na fronte de Inês, para que a febre abaixasse.

– Inês querida, sou eu, Júlia, abra os olhos, fale comigo – disse Júlia, extremamente impressionada com o aspecto da amiga.

Inês abriu lentamente os olhos que estavam muito inchados e, olhando apagadamente a amiga, murmurou:

– Júlia, ajude-me, pelo amor de Deus. Quero morrer, não conseguirei mais viver com este remorso – a jovem soluçava enquanto Júlia, abraçando-a, a ninava como se fosse uma mãe acalentando a filha.

– Calma, meu amor. Tudo vai passar. Estou aqui e ficarei o quanto for necessário até que se restabeleça completamente.

Vovó me abandonou, partiu magoada comigo, não

posso suportar essa ideia. Tudo por conta de uma mentira, que só percebi que era muito grave, quando não havia mais tempo de desfazê-la.

– Agora, querida, você tem de se perdoar, tentando modificar a sua vida – aconselhou Júlia.

– Como poderei me perdoar? Nada tenho a meu favor. Tenho a certeza de que Deus nunca mais me escutará.

– Lembre-se de Dona Leopoldina, de seus conselhos e bons exemplos, ela por certo a perdoou e Deus, Inês, sempre perdoa a seus filhos, dando a todos uma nova chance.

– Quando será o sepultamento, Júlia? Não tenho a coragem para estar presente.

– Não precisa, minha amiga, fique repousando que Vicente tomará todas as providências necessárias.

– Não sei como agradecer-lhes. Nesse momento não tenho mais ninguém no mundo – assim dizendo, Inês tornou a soluçar fortemente.

Júlia ficou a seu lado, acarinhando-lhe a cabeça até que, sob o efeito de remédios, conseguiu adormecer. Seu sono era inquieto, o corpo agitava-se, como se estivesse sofrendo um pesadelo.

Como prometera Júlia, Vicente de Montmór tomou a frente dos problemas, solucionando a todos.

No dia seguinte, sob forte chuva, parecendo um pranto se derramando, Pedro e Leopoldina tiveram seus corpos deitados na última morada.

Depois que todos se foram, o palacete tornou-se como um lugar mal-assombrado. Tudo muito quieto. Os criados arrumaram o salão, retirando os paramentos fúnebres. Mas nada mais voltaria ao normal.

Júlia, em comum acordo com Vicente, levou Inês para a sua casa, procurando, assim, confortá-la e ajudá-la.

A Marquesa, que parecia ter envelhecido vinte anos, totalmente vestida de preto, mostrava o luto que lhe ia na alma.

Acompanhou os amigos, sem sequer fazer um comentário.

Júlia deixou o palacete aos cuidados de Benta, Luzia e Sebastião, tendo a certeza de que eles fariam tudo para ajudar.

Antônio, por sua vez, quando teve conhecimento do acontecido, ficou profundamente abalado.

Sabia que não tivera culpa de nada, mas mesmo assim, tinha um grande sentimento de tristeza inundando-lhe o coração.

Juntou o que possuía, devolveu a casa alugada, vendeu o piano, fez saber às pessoas para quem trabalhava, que estava partindo para Viena e nunca mais voltou ao Brasil.

O resto dos anos de sua vida, passou solitário, apoiando-se na música, a sua maior companheira. A tragédia marcou a sua vida, mas desde que chegara a Viena, procurou ajudar as crianças necessitadas, como ele fora um dia, dedicando-se ao bem, até que os cabelos embranqueceram e a tez enrugou-se, partindo, então, para o Mundo Espiritual, com a tranquilidade de quem teve o dever cumprido.

Inês, após alguns meses em casa de Júlia, resolveu recolher-se a um convento, mesmo contra a vontade da amiga.

Vendeu todos os seus bens, entregando às irmãs de caridade que tomavam conta do convento, o dinheiro arrecadado e passou a viver na oração e nas tarefas domésticas que encheram suas delicadas mãos de bolhas.

Entregava-se ao sofrimento físico, para apaziguar um pouco o seu coração.

Soubera que Antônio havia partido, pelo que ficou-lhe muito grata, pois jamais poderia encará-lo novamente.

Os anos foram passando e a delicada Irmã Inês também foi envelhecendo.

Uma tarde, deitada em seu catre, deixou duas lágrimas rolarem por sua face e, orando, disse:

Meu Amado mestre Jesus,

Teu jugo é leve;

E o meu choro não é de dor;

É de emoção.

Estás sempre comigo,

Dentro do meu coração.

Te amo com o amor mais intenso.

E espero no Teu Amor, o recomeço.

Espero junto a Ti,

Sabendo que está perto, o fim.

Delicadamente fechou os olhos e partiu para o Plano Espiritual.

XXIV - O INTERCÂMBIO

Já que conhecemos todos os lances acontecidos no Plano Espiritual, voltemos ao nosso grupo de encarnados, que continuaram a sua caminhada, uns ao lado dos outros, no auxílio mútuo que os completava perfeitamente.

Ângela e Pedro, cada vez mais enamorados, retornaram à casa de Paulo, para participarem da reunião mediúnica, que o mestre havia prometido.

Lá chegando, já encontraram Antônio e Ana, que conversavam, animadamente, com o dono da casa.

Paulo, ao ver chegar o casal, foi recebê-los, dizendo:

– Que bom que chegaram! Venham, meus filhos, vamos nos reunir para começarmos os nossos trabalhos.

Entraram naquela sala aconchegante, que dava, aos que ali frequentavam, uma certa paz e um sentimento de se estar em um verdadeiro lar.

Apesar de Paulo viver sozinho, sua casa era cheia de alegria, pelas visitas dos jovens e dos amigos espirituais.

Acomodaram-se e Paulo colocou para tocar uma suave música, que elevava a alma e, diminuindo a luz, preparou o ambiente para o intercâmbio que, ali, iria acontecer.

A prece é uma elevação acima de todas as coisas terrestres, um ardente apelo as potências superiores, um impulso um voo para regiões que não são perturbadas pelos murmúrios, pelas agitações do mundo material e onde o ser bebe as inspirações que lhe são necessárias.

Essa verdade, Paulo tinha dentro de si e, por conta disso, não iniciava qualquer trabalho mediúnico, sem que fizesse uma prece inicial.

– *Mestre Amado, mais uma vez, estamos reunidos em Teu nome, buscando a Tua proteção e a tua permissão para que, entre nós, se façam presentes os Espíritos Benevolentes, trazendo-nos os conhecimentos e os esclarecimentos a tantas dúvidas comuns, que nos assaltam.*

Esclareçam-nos, Espíritos Iluminados, Trabalhadores do Bem, sobre os mistérios de nossas sucessivas vidas, para que não percamos nenhuma oportunidade de evolução.

Enquanto Paulo orava, adentraram na sala: Inês, Leopoldina, Salviano e Gabriel.

Paulo, através de sua mediunidade, registrou a chegada do amigo e de seus acompanhantes.

Salviano enviou, mentalmente, a Paulo as suas instruções.

– Paulo, estamos aqui para que Inês, servindo-se da mediunidade de Ana, fale ao Pedro e à Ângela. Necessitamos de seu auxílio, para imantarmos, fluidicamente essas duas criaturas de Deus.

Após a instrução recebida, Paulo levantou-se e,

colocando-se atrás de Ana, estendeu as mãos espalmadas sobre sua cabeça, em uma vibração de Amor.

Salviano, por sua vez, cuidava de Inês.

– Inês, você terá, agora, a experiência única de falar a seu filho. Contenha a sua emoção e ligue-se a Ana que transmitirá, através de sua corda vocal, o recado que você tem a dar.

Enquanto os dois Espíritos Superiores, Paulo e Salviano, faziam toda a sustentação do ambiente, Ana entrou em estado de desligamento parcial, recebendo, de Inês, a mensagem ao filho.

– Meu amado Pedrinho, não pude ter a felicidade de viver para acompanhar o seu crescimento, mas nunca deixei de velar por você. Hoje agradeço, de joelhos, a Deus, por tê-lo encaminhado para o trabalho ao bem do próximo mais necessitado. Vibro de emoção quando assisto a você e aos seus companheiros levando lenitivo às criancinhas órfãs, dando alimento a quem tem fome ou levando o carinho aos doentes. Muito em breve estarei entre vocês, trabalhando conjuntamente e entrelaçando os nossos corações no verdadeiro amor que sempre nos unirá.

Apesar de Inês ter se controlado, o mais possível, encerrou o seu recado extremamente emocionada.

Ângela e Pedro, de mãos dadas, deixavam correr pelas faces, lágrimas de emoção e gratidão a todos os que fizeram com que esse encontro acontecesse.

Como Inês não tinha mais condição de falar, Salviano, servindo-se da mediunidade de Paulo, transmitiu aos presentes a sua mensagem:

– Queridos amigos, na ocasião do nascimento, a memória do passado se perde. Esse eclipse parcial e momentâneo das existências anteriores é absolutamente necessário para conservarmos, intacta, a liberdade. Se delas nos recordássemos com muita facilidade, haveria confusão na ordem lógica e fatal do destino e o mestre disse em seu Evangelho: *"Infeliz daquele que, tendo posto a mão na charrua, olhar para trás"*.

Traçar um sulco firme e seguro, exige olhar para diante e fixar unicamente o futuro.

Por isso, caros irmãos, todos nós estaremos, no presente, construindo o futuro que redimirá o nosso passado.

Quero que vocês contem conosco, pois estaremos sempre ao lado de todos, quando necessitarem.

Rogamos a Deus que nos dê forças para o cumprimento de nossos deveres.

Deus abençoe a todos, hoje e sempre.

Assim terminando, Salviano desligou-se de Paulo e, erguendo as suas mãos, fez com que delas partissem eflúvios de luz, que espargiram-se sobre todos, envolvendo a cada um, encarnados e desencarnados, deixando a doce sensação de que, ali, estivera um Anjo do Senhor.

Leopoldina osculou Inês e os quatro partiram rumo à próxima tarefa.

Paulo leu o tópico número 12, do capítulo XVIII, *"Muitos os chamados e poucos os escolhidos"*, de O Evangelho Segundo o Espiritismo, que assim termina:

"Aos espíritas, muito será pedido, porque muito receberam, mas também aos que souberem aproveitar os ensinamentos, muito lhes será dado.

O primeiro pensamento do espírita sincero deve ser o de procurar, nos conselhos dados pelos Espíritos, alguma coisa que lhe diga respeito.

O Espiritismo vem multiplicar o número dos chamados e pela fé que proporciona, multiplicará, também, o número dos escolhidos."

Em seguida encerrou a reunião com a prece mais profunda de agradecimento ao Plano Superior Maior, que se fizera presente entre eles, pela Graça de Deus.

Levantou-se, aumentou a luz e todos ficaram meditando, guardando um minuto de silêncio, para quebrar a intensa emoção que os envolvia.

Aos poucos, foram sorrindo uns para os outros, e Ângela, meigamente, comentou:

– Que maravilha, Mestre Paulo, jamais senti sensação igual a essa. A voz da mãe de Pedro, transmitiu a mim uma doce impressão. Senti que tenho com ela ou que ainda terei, o mais forte laço de amor.

Paulo sorriu, porque já sabia que o amor maternal, o mais perfeito amor entre os encarnados, as uniria, novamente. Nada comentou, em respeito às leis de Deus, que nos permitem o esquecimento do passado, para maior valorização de nossos atos, construindo a estrada do futuro.

Antônio e Ana, acostumados com aquelas visitas dos benfeitores, que sempre se faziam presentes em todas as oportunidades, sorriam felizes, lembrando a situação na qual conheceram Pedro e no maravilhoso homem que estava se tornando.

Após um pouco mais de confraternização, despediram-se de Paulo, indo todos, no carro do maestro, levar Ângela à sua casa.

Lá chegando, Pedro a acompanhou até a porta e, olhando no fundo de seus olhos, disse-lhe:

– Querida, senti hoje, mais do que nunca, naquele sublime momento da presença de minha mãe, que seremos muito felizes e que o futuro nos espera. Estaremos unidos, meu amor, em todos os momentos, dividindo um com o outro as alegrias e as tristezas de nossas vidas.

Ângela, sem nada dizer, depositou um suave beijo nos lábios de Pedro e, passando as mãos delicadamente no rosto do rapaz, disse:

– Deus o abençoe. Amanhã nos veremos.

Pedro foi com Antônio e Ana para a casa deles e Ângela recolheu-se aos seus aposentos.

Mas ambos, como se estivessem combinados, ficaram a meditar, longamente, em tudo o que havia acontecido.

Não sabiam que grandes emoções, ainda, os aguardavam.

XXV - O FIM DA HISTÓRIA

Assim se passaram três anos. Pedro, cursando a Faculdade de Música, já era, como um dia imaginara, um componente da orquestra de Antônio.

Ângela cursava a Faculdade de Desenho e Propaganda.

Conquistou um ótimo cargo na empresa que investira nela, para a qual o seu esforço, em seu trabalho, recompensou a ajuda que lhe deram.

O amor que os ligava era tão grande, que a sintonia entre eles era perfeita. Um sabia o que o outro pensava ou sentia e ambos se completavam, fazendo, juntos, um trabalho fantástico junto aos necessitados.

Pedro formara um ótimo coral, composto pelos jovens tarefeiros do amor, como eram denominados. Tocava o piano, enquanto as vozes entoavam, magistralmente, lindas melodias. Esse coral fazia apresentações beneméritas, revertendo a renda arrecadada, em alimentos, roupas e remédios que distribuíam. O mesmo coral apresentava-se nos hospitais, fazendo recitais que amenizavam as dores dos que ali tinham que ficar.

Ângela, por sua vez, trabalhava nas alas infantis, desenhando nas paredes personagens e temas infantis, enquanto contava as histórias correspondentes ao desenho. Deixava também, que as crianças pintassem e colhia no rosto de cada uma, o sorriso de felicidade, que representava a recompensa daquele trabalho, feito com tanto amor.

Esse trabalho conjunto, unia cada vez mais Pedro e Ângela.

Um dia, quando estavam na casa de Paulo, este lhes falou:

– Meus filhos, agradeço a bondade de Deus, que me encaminhou vocês. O trabalho que fazem, junto aos jovens e aos necessitados, veio coroar a nossa casa como um pequeno retiro de amor. Não sei quanto tempo de vida material me resta. Mas quero que saibam que vou legar a vocês todos os meus bens e peço que continuem nesse trabalho, por mim.

O casal entendeu a solicitação de Paulo e se comprometeram de assim o fazer, quando chegasse a hora, que eles desejavam, sinceramente, demorasse, para poderem continuar privando da sua presença maravilhosa.

Pedro, como um dia prometera Antônio, desde que completara dezoito anos, já tinha o seu próprio carro e assim podia locomover-se com maior desembaraço, entre os vários afazeres que tinha com a faculdade, com os concertos e com o trabalho na Seara do Senhor.

Após despedirem-se de Paulo, os jovens entraram no carro de Pedro, mas este não saiu de imediato. Olhou para Ângela, pegou suas mãos e lhe disse:

– Meu único amor, já estamos juntos há algum tempo, nos entendemos perfeitamente, nos amamos com o amor mais profundo. Como temos nossas vidas profissionais bem encaminhadas, entendo que chegou a hora de casarmos. Pedro tirou do bolso uma caixinha, a qual depositou nas mãos de Ângela e concluiu:

– Você me daria a honra de ser minha esposa?

Ângela, com os olhos rasos d'água, respondeu:

– É o que mais desejo em minha vida. Quero viver o resto dos meus dias, ao seu lado, compartilhando para sempre os momentos felizes que vivenciamos no trabalho profissional e espiritual.

Pedro pegou o lindo anel que estava na caixinha, colocou-o no dedo de Ângela, beijou-lhe a testa e os lábios e, completando, disse:

– Obrigado, Ângela. Prometo fazê-la feliz, todos os dias de nossas vidas. Agora vamos contar ao padrinho e a Ana a novidade.

Quando chegaram à casa de Duarte, Pedro começou a buzinar insistentemente, fazendo com que Antônio e Ana viessem ver o que se passava.

– O que é isso, Pedro? Por que tanto barulho? – perguntou Ana com aquele seu jeito maternal.

– Hoje é dia de festa, venham, quero lhes apresentar a minha noiva. – Pedro estendeu a mão em direção a Ângela, fazendo uma reverência.

– Até que enfim! disse o maestro – já não aguentava

mais esperar por isso. Estou ficando velho e não quero deixar de ver os meus netos "tortos".

Ana também correu a abraçar aqueles jovens, por quem nutria um profundo amor.

Entraram e Ana foi buscar champanhe, para brindar aquela feliz notícia.

– Queremos, padrinho, – disse Pedro – que o senhor e Ana sejam nossos padrinhos de casamento. Desejamos fazer uma cerimônia simples, na casa de mestre Paulo, onde ele nos dará, tenho a certeza, a sua bênção. Se Dona Odete estivesse ainda entre nós, gostaria de trazê-la para presenciar a nossa união.

Pedro e Ângela, por diversas vezes, visitaram Dona Odete, levando-lhe mantimentos, roupas e remédio. Mas com o passar do tempo, a bondosa senhora foi juntar-se ao grupo, que já a esperava no Plano Espiritual.

– Tenho a certeza, meu filho – falou Antônio –, que ela, onde estiver, estará abençoando a vocês dois.

Em seguida, o casal foi comunicar aos pais de Ângela a decisão que acabavam de tomar.

Os preparativos para o casamento foram viabilizados com a ajuda do grupo de jovens, amigo do casal.

No dia marcado, um domingo, os jovens enfeitaram

o local com um véu branco, no qual colocaram camélias, que encheram o ar com o seu doce perfume.

Um piano foi colocado no lugar onde Antônio tocaria em acompanhamento ao coral dos jovens tarefeiros.

Sobre a grande mesa de estudos, colocaram uma toalha de linho bordada, onde um belíssimo bolo aguardava para ser degustado, após a cerimônia.

Pedro chegou primeiro, acompanhado por Antônio e Ana.

Paulo os recebeu com animação, em seguida chegaram a noiva e seus pais.

Quando foi anunciada a chegada da noiva, cada um tomou o seu lugar, os jovens do coral, Antônio ao piano, Paulo no local que a ele fora destinado, para proferir a bênção ao casal.

No Plano Espiritual, também estavam presentes, cheios de emoção, Salviano, Inês, Leopoldina, Gabriel e agora também Odete, que fazia parte do grupo.

Pedro, por sua vez, elegantemente trajado de branco, ficou aguardando a entrada de Ângela.

Aos acordes da marcha nupcial, a jovem, maravilhosa em seu alvo vestido de noiva e uma grinalda de miosótis muito singela, entrou conduzida pelo braço de seu progenitor e encaminhou-se em direção a Pedro.

O momento mágico chegou, todos esperavam por ele, repletos de felicidade. Os passarinhos saudavam o casal, com seus trinados maviosos, fazendo fundo à melodia executada.

Assim que Pedro tomou Ângela pela mão, o coral entoou a Ave Maria, acompanhado por Antônio ao piano. Após a belíssima apresentação, Paulo fez uso da palavra:

– *Todos os seres estão ligados uns aos outros e se influenciam reciprocamente. O Universo inteiro está submetido à lei da solidariedade: os mundos nas profundezas do éter, os astros que, a milhares de léguas de distância, entrecruzam seus raios de prata, conhecem-se, chamam-se e respondem-se. Uma força, que denominamos atração os reúne através dos abismos do Espaço. De igual maneira, na escala da vida, todas as Almas estão unidas por múltiplas relações.*[1] Nossa Ângela e nosso amado Pedro sentem a atração das Almas Gêmeas que se encontram e, perante Deus, querem constituir sua família, recebendo aos filhos que terão, sob a proteção e a Luz do Senhor Jesus, para, também, encaminhá-los para o bem e para o Amor Universal. Não há distância entre as Almas que se amam, porque se comunicam através da extensão.

[1] *Léon Denis – O Grande Enigma*

Oh meu Deus! fonte de toda a sabedoria, de todo o amor, Espírito Supremo cujo nome é Luz, eu te peço que este casal seja abençoado e que este pedido suba a Ti, qual um perfume de flores, como o que aqui se faz. Ajuda-os a avançar na senda sagrada do Teu Amor, caminhando, como até aqui o têm feito, na estrada evolutiva, através do amor ilimitado, que distribuem a todos, vindo da fonte de seus bondosos corações.

Que a Tua doce luz e com ela, os sentimentos de concórdia e de paz se derramem sobre este jovem casal e seus descendentes, bem como sobre todos os seres.

Terminando suas palavras, Paulo abraçou e osculou o casal de noivos, enquanto todos aplaudiam.

A emoção tomou conta do ambiente e a alegria envolveu a todos.

– Mestre Paulo, queremos homenageá-lo com a primeira fatia do bolo de nosso casamento, em agradecimento por tudo o que tem feito por nós, por nossas almas, pelo aumento de nossos conhecimentos e sobretudo por ensinar-nos os caminhos da felicidade.

Em seguida cumprimentaram a todos os amigos, beijaram os pais de Ângela, Antônio e Ana e seguiram para a lua de mel, com a sinfonia das latas que os amigos colocaram no carro de Pedro.

Salviano, neste instante, chegou perto da emocionada Inês, lhe dizendo:

– Vamos, Inês, vou levá-la ao Departamento Reencarnatório, para que você conheça a câmara de miniaturização, onde seu perispírito será colocado, para formatar o novo corpo de um bebê, pois é chegada a hora de seu retorno à Pátria Terra, para completar, junto a Pedro e Ângela, seus novos genitores, a tarefa da redenção.

FIM